상담사례 따라하면 성공하는 스타트업 멘토링

상담사례 따라하면 성공하는 스타트업 멘토링

초판 1쇄 발행 2020년 9월 21일

지은이 홍승민
펴낸이 장길수
펴낸곳 지식과감성#
출판등록 제2012-000081호

디자인 장홍은
편집 장홍은, 이현
교정 정은지
마케팅 고은빛

주소 서울시 금천구 벚꽃로298 대륭포스트타워6차 1212호
전화 070-4651-3730~4
팩스 070-4325-7006
이메일 ksbookup@naver.com
홈페이지 www.knsbookup.com

ISBN 979-11-6552-417-3(93320)
값 12,000원

ⓒ 홍승민 2020 Printed in Korea

잘못된 책은 구입하신 곳에서 바꾸어 드립니다.
이 책의 전부 또는 일부 내용을 재사용하려면 사전에 저작권자와 펴낸곳의 동의를 받아야 합니다.

이 도서의 국립중앙도서관 출판예정도서목록(CIP)은 서지정보유통지원시스템
홈페이지(http://seoji.nl.go.kr)와 국가자료공동목록시스템(http://www.nl.go.kr/kolisnet)에서
이용하실 수 있습니다. (CIP제어번호: CIP2020038288)

홈페이지 바로가기

상담사례 따라하면 성공하는 스타트업 멘토링

홍승민 지음

우리가 예비 창업 시, 초기 창업 시 경험하게 되는
다양한 이유와 원인이 있습니다.

초기 창업자로서의 고민과 걱정, 실제로 우리가
초기 창업 시 고민해야 하는 것들을 기록한 책!

지식과감정

| 시작하는 글

경기도 테크노파크, 경기도 경제과학원, 창조경제혁신센터 등 20여 곳 이상 국내 정부기관에 등록 멘토로 활동을 하면서 직접 경험한 것을 바탕으로 작성된 책입니다. 예비창업자로서의 고민과 걱정 그리고 초기 창업자로서의 고민과 걱정, 실제로 우리가 초기 창업 시 고민해야 하는 것들과 함께 우리 대표님들이 고민하시는 것을 기록하였습니다.

수록된 내용보다 몇 배 많은 멘토링 내용이 있지만 많은 내용을 군집화해서 가장 많은 문의가 있었던 것을 중심으로 글을 작성했습니다.

다만 아쉬운 것은 실제 사례를 몇 건 기록하지 못했습니다. 정부 등록 멘토, 특히 '경영지도사'는 기업의 정보를 외부로 반출하는 것이 엄격하게 금지되어 있기 때문입니다. 책을 집필하면서 이런 사실을 인지하여 멘토링 받으신 대표님들과 미리 협의를 하면 더 많은 실제 상담사례가 기록될 수 있었지만 그러지 못해 많이 아쉽고 제가 조금 더 열심히 해야겠다는 생각이 듭니다.

    모쪼록 초기 창업 시 경험하게 되는 다양한 일들을 원인과 이유 그리고 우리의 목적에 대해 담백하게 서술하였으니 예비창업자분과 초기 창업자분께 도움이 되었으면 합니다.

    스타트업 멘토링 사업은 다양하고, 무료로 진행되는 것이 많습니다. 도움이 필요하다고 느끼시면 고민하지 마시고 연락 주십시오.

홍승민 드림

시작하는 글 · 4

안정적인 창업을 위해 고민해야 하는 것들

1. 기술 없이 기술 창업하기 – 제조업편 · 10
2. 기술 없이 창업하기 – 유통업편 · 20
3. 개인 창업과 법인 창업 · 27
4. 직장인이 창업하면 회사에서 알까? · 34
5. 기술자들의 창업 · 39
6. 학생 창업, 과연 정답일까? · 45
7. 창업의 현실과 극복 방법 · 50

Episode 1 · 57

성공적인 창업을 위해 남들도 다 하는 것들

1. 사업자 등록이 제일 쉬웠어요 · 62
2. 사업자등록증 신청했다가 세금 더 나오면 어떡하지? · 66
3. 사무실 구하기가 너무 어렵습니다 · 70
4. 기업부설연구소 설립 · 74
5. 홍보자료 만들기 · 81
6. 블로그 성공하는 법 · 86

Episode 2 · 93

사업계획서 그리고 경영, 마케팅 전략
1. 사업계획서의 용도 · 98
2. SWOT 분석 · 111
3. 비즈니스 모델과 수익모델 · 122
4. 자사의 강점 파악하기 –
   어떤 식으로 강점을 연구하고 분석할 것인가 · 127
5. 신제품 개발하기 · 133
6. 제품의 가격은 얼마로 해야 할까요? · 139
7. 지식재산권 획득 · 146
Episode 3 · 153

사업을 위한 자본금 확보 방법
1. 초기 자본금의 규모와 자본금 운영 방법, 창업비용 계산하기 · 158
2. 첫 대출은 정부 지원 · 163
3. 정부 지원사업, 그것이 알고 싶다 – 창업지원 받는 방법 · 169
4. 정부 지원금의 현실적인 문제들 · 177
5. 시작품 제작 지원사업 알아보기 · 180
Episode 4 · 187

별것 아니지만 고민되는 것들
1. 그냥 고민이 됩니다, 고민이 · 192
2. 효과적인 고객사 모집 방법은? · 197
3. 공급사와의 관계 어떻게 해결하나? · 203
4. 투자 유치? · 212
5. 지분에 대한 고찰 · 222
6. 수출, 그것이 알고 싶다 · 226
Episode 5 · 235

마무리하면서 · 239

1장

안정적인 창업을 위해
고민해야 하는 것들

기술 없이 기술 창업하기
제조업편

　기술 없이 제조 관련 창업을 하시는 분들이 과연 계실까? 하는 생각이 많이 들었습니다. 저는 당연하게도 생각보다 적을 것이라는 생각을 했는데, 기술 없이 제조업을 창업하시는 분이 상당히 많이 계십니다. 제가 이렇게 기술 없이 제조업 관련 기술 창업을 하시는 대표님들을 멘토링 또는 컨설팅을 하면서 처음에는 유통업이나 서비스업이 아니면서 기술 창업하시는 분을 보고 많이 안타까웠습니다. 너무나도 당연하겠지만 제조하시고자 하는 제품(개발제품)이나 서비스에 대한 지식이 없기 때문입니다. 다시 말씀드리면 기술을 익히면서 창업을 해야 하기 때문에 사업 진행이 상당히 느리고 성공하기 어렵기 때문입니다. 이분들 중 일부는 사업에 성공하셔서 많은 부를 축적하고 계시는 분들도 계시고 다른 분들은 폐업을 하신 경우도 있습니다. 하지만 언제나 우리 눈과 귀에는 성공한 사례만 소개됩니다.

　기술 없이 제조업 관련 창업을 하시는 분들의 성공 여부를 크게 구분하면 결국 끈기 있게 진행하느냐 못 하느냐 그리고 재무적으로 얼마나 체계적으로 진행을 준비하느냐 못 하느냐에 성공 여부가 결정되는 것 같습니다. 본 글에서는 기술 없이 기술창업, 구체적으로 제조업을 운영하기를 준비하시는 분들을 대상으로 어떻게 하면 효과적으로 기술 창업을 시작해서 시장에 안정적으로 안착을 하는지 설명드리겠습니다. 구체적으로, 아이디어만 있으신 분을 대상으로 멘토링을 한 경험을 바탕으로 글을 씁니다.

본인의 경험을 바탕으로 또는 참신한 아이디어가 있어 이런 경험과 아이디어를 바탕으로 제조업 창업을 하시게 되면 가장 먼저 경험하게 되는 애로 사항이 '어떻게 하면 제품을 구체화하지?'입니다. 아이디어를 구체화하면서 제품을 만드는 것을 단계별로 알아보겠습니다.

먼저 순서를 보면, 보통의 경우는 다음과 같습니다.

> 아이디어 → 필수 기능, 부가 기능 확인 → 아이디어 스케치 → 도면화 → 전기 제어 설계 → 프로토 타입 테스트 → 시장 검증 → 양산품 설계 → 조립도 작성 → 금형 제작 → 제어판 제작 → 제품 조립 → 제품 판매

다소 단계가 복잡합니다. 하지만 이러한 단계는 우리가 작업을 하면서 진행하는 순서입니다.

우리가 아이디어 창업을 하게 되면, 보통의 경우 해당 아이디어에 대한 기술적 지식이 없어서 공상만 하다가 멈추는 경우가 많습니다. 또 어느 정도 아이디어를 구체화하였다 하여도 머릿속에서 맴맴 돌기만 합니다. 저 역시 그랬습니다. 그러다 누군가 제품을 출시하면 '아, 이거 내가 하려고 한 건데' 하면서 안타까워합니다. 이제는 이렇게 안타까워하지 말고 직접 개발해야 합니다. 그리고 제가 꼭 당부드리고 싶은 것은 아이디어를 구체화하면서 몸이 편할 생각을 하시면 안 됩니다. 제품을 직접 스케치하시고 아이디어를 더 짜내시고 제품을 만드는 모든 과정을 직접

고민하시면서 아이디어의 제품화를 통해 제품에 대한 모든 것을 관장하시어 기술에 대해서도 척척박사가 돼야 합니다.

1) 아이디어

아이디어는 말 그대로 생각입니다. 보통 자신이 생활을 하면서 불편한 점 또는 일을 하면서 업무에 대해서 불편한 점을 생각하고 이렇게 되면 좋겠다 생각합니다. 솔직히 지금 수준은 아이디어 수준이라기보다는 공상에 가깝습니다. 아이디어 수준에서 바로 시장조사를 하시는 경우도 있습니다. 대부분의 아이디어가 시장에서 구체화되어 제품으로 판매되고 있습니다. 그러니 굳이 시장조사를 하실 필요는 없고 처음부터, 그러니까 첫 단계인 아이디어부터 다음 순서대로 체계적으로 진행하시는 것을 추천드립니다. 이러한 단계를 건너뛰고 시장조사부터 한다면 결국 깊게 남는 것이 없는 시간을 보내는 것과 크게 차이가 없습니다.

2) 필수 기능, 부가 기능 확인

처음 생각에서 불편한 점이 있어 이리저리 했으면 좋겠다 생각하셨으면, 곧바로 제품의 외형을 생각하지 마시고 제품이 제공 가능한 기능 또는 구현 가능한 기능을 생각하시면서 준비하셔야 됩니다. 예를 들면 '이런 기능이 들어가면 좋겠다 저런 기능이 들어가면 좋겠다', 굳이 현재 수준에서 디자인적인 것이 들어갈 필요 없고 정말 단순하게 '다회 사용 커피 빨대는 사용하고 난 다음 세척 시 세척이 용이했으면 좋겠다' 이 정도 시작이면 충분합니다.

앞선 아이디어 단계와의 차이점은 이 단계부터는 기록을 시작하는 것입니다. 기록을 하면서 필수로 들어가야 하는 기능과 부가적으로 들어가는 기능이 구체화됩니다. 일단 최대한 열거하는 것입니다. 기능적인 것이 많이 들어가면 들어갈수록 뒤 단계에서 최대한의 기능을 구현할 수 있게 됩니다.

3) 아이디어 스케치

반드시 들어가야 하는 기능 중심으로 정보를 탐색하시다 보면 유사한 제품이 나올 수도 있고 안 나올 수도 있습니다. 적합한 제품이 없을 경우 간략하게라도 아이디어를 스케치하는 것을 권장드리고 스케치상에는 기능이 표현돼야 합니다. 만약 그림을 깔끔하게 그리지 못한다면 MS-WORD나 VISIO, PPT, 한글 파일 등 다양한 방법을 동원해서 깔끔하게 그려야 합니다. 아이디어를 간단하게 스케치해야지만 자신의 아이디어를 다른 전문가들과 공유가 가능하기 때문입니다.

이 단계까지는 쉽게 접근이 가능하나, 이다음 단계부터는 쉽지가 않습니다. 도면화 작업부터는 비용이 발생합니다. 실제로 외부로 비용이 집행되기에, 우리는 도면화 작업 전에 간략하게라도 시장을 판단해야 합니다. 예를 들어 해당 제품이 속한 시장을 파악하고 해당 시장 안에서 몇 개가 판매될까, 예상 금액을 생각하면 매출이 얼마가 나올까 생각하셔야 합니다. 역시 이런 생각을 기록하셔야 합니다. 수익 모델은 언제든지 변하며 역시 비즈니스 모델도 수시로 변합니다. 하지만 초기 창업에 반드시 필요한 재원을 설명하는 재무적인 것은 변하지 않습니다. 이렇게 중요한 재무적인 부분 중 처음 비용이 발생되기에 우리는 더욱 신중하게 고민을 하고 시장을 파악해야 합니다.

 제가 멘토링했던 작업을 예를 들어 보면, 이 제품은 SUS PIPE 자동 컷팅 장비입니다. SUS PIPE 컷팅은 대부분 현장에서 수작업을 하게 되며 수작업임에도 불구하고 2명의 인력이 요구되는 경우도 있습니다. 그래서 자동 장비를 생각하게 되었으며 간략하게 스케치하며 자동화 기능을 구현하기 위한 기능적인 부분들을 생각하였습니다. 다음으로 시장을 고민하였는데, 반도체 산업 현장에서는 꼭 필요합니다. 산업 현장이 우리나라에 몇 개 없지만, 장비의 특성상 산업 현장마다 작업하는 팀이 하나씩 있으면 매우 편하기에 이들을 대상으로 판매를 계획했습니다.

 위의 사례는 중소기업의 신제품 개발사업에 제가 참여했을 당시 최초의 컨셉 회의에서 나온 내용을 간단하게 기술하였습니다. 우리는 기술 없이 창업을 하게 되면 대부분의 경우 막히게 됩니다. 위의 경우 역시 고객사가 도면화하기 전에 실제 이 아이디어가 구체화되기 위한 외부 자문을 받은 경우입니다. 당연하게도 외부 자문 또한 비용이 발생합니다. 하지만 이러한 자문 비용을 지원받는다면 창업을 하시면서 많이 유리하지 않을까요? 지금 가까운 '창조경제혁신센터' 또는 '산업진흥원' 등에 연락하시면 담당자분들이 친절하게 무료 멘토링 사업을 안내해 드립니다. 모든 지자체에 다 있습니다. 이러한 정보를 찾기 위해서는 직접 인터넷을 거쳐야 하지만, 광활한 인터넷을 움직이지 마시고 말씀드린 두 단체에 전화하시면 됩니다. 이런 무료 멘토링 사업을 이용하여 자신이 생각한 아이디어가 실제 시장에서 통할지 그리고 기술을 구현하기 위한 방법은 무엇이 있는지 확인하셔야 합니다.

4) 도면화

도면화는 실제 제품을 구현하기 위한 세부적인 도면입니다. 하지만 지금 말씀드리는 도면화는 양산품 도면이랑은 조금 다릅니다. 현재의 도면이 양산도면과 유사할 수도 있지만 다를 수도 있습니다. 설계전문가의 힘을 빌려서 도면을 만들고, 3D 프린터를 이용하여 눈에 보이는 제품으로 구현하는 것이 매우 중요합니다. 이게 상당히 중요합니다. 앞으로 우리가 일을 하게 될 때 대부분 바로 이 도면을 보면서 시작합니다. 또 보는 것이 믿는 것이라는 말이 있듯이 직접 눈으로 제품을 보면 수정해야 하는 부분들이 보입니다. 수정할 부분들을 다 보충하고 난 다음에는 도면이 완성됩니다. 여기에 모델링 도면까지 나온다면 더 좋겠습니다.

5) 전기 제어 설계

개발하시는 제품이 전기 등의 힘으로 움직이는 제품이라면 전기 제어 설계를 진행해야 합니다. 필요로 하는 전기 구동사항을 확인하야 하며 구동을 위한 도면 수정 등을 진행하게 됩니다.

전기 제어 설계를 통해 도면이 수정 보완되었다면 다시 한번 3D 프린팅을 통하여 제품을 확인하시는 것을 권장드리며, 이때 출력된 제품을 가지고 소비자(사용자)에게 의견을 구합니다.

사용자의 의견을 취합하다 보면 제품의 기능적 외형적 디자인이 변경됩니다. 이러한 변경 부분이 적용된 것이 양산품 설계입니다.

이제부터는 조금 더 구체적으로 다가갑니다. 지금부터는 비용이 많이 발생합니다. 우리가 전기 제어 설계까지 끝났다면 웬만한 부분이 끝난 것입니다. 이제 설계된 제품을 직접 테스트해야 합니다.

6) 프로토 타입 테스트

위 모델링 도면과 전기 도면을 통해서 실제 제품에 가까운 제품을 만들어 양산 설계 전에 검토해야 합니다. 이런 경우를 프로토 타입이라고 합니다. 프로토 타입은 크게 세 종류로 구분하지만 프로토 타입의 종류가 중요하지는 않으므로 제가 제언드리는 프로토 타입은 가용할 수 있는 비용에서 최대한 실제 제품과 가깝게 만드시는 것을 추천합니다. 이러한 프로토 타입을 가지고 디자인적, 기능적 검토가 마무리돼야 합니다. 만약 검토가 마무리되지 않았다면 위의 과정을 반복해서 최대한 최종 제품에 가까운 제품이 나와야 합니다.

7) 시장검증

프로토 타입을 가지고 시장검증이 가능합니다. 보는 것이 믿는 것이기 때문입니다. 프로토 타입을 가지고 실제 시장에 나가서 고객의 반응을 살펴보는 것입니다. 이때 고객들의 반응에 따라 디자인을 변경해도 되며 기능적인 것이 추가되거나 삭제되어도 좋습니다. 또 비즈니스 모델이 변경될 수도 있습니다. 결국 우리 제품을 사용하는 사람들은 소비자이므로 소비자의 최대 만족을 위해 우리는 언제든 제품을 변경할 수 있는 것을 기억해야 합니다. 시장검증까지 끝났다면 이제는 설계에 들어갑니다.

8) 양산품 설계

실제 판매되는 제품의 설계입니다. 본 설계 도서를 기준으로 제품의 사양이 확정됩니다.

양산품 설계 시 가장 중요한 것은 제품의 조립성입니다. 조립하는 공정을 최소화해야 합니다. 또 양산품의 경우 재질이 변경되는 경우도 있고 양산품을 포장하는 디자인에도 영향을 줍니다. 양산품 설계를 진행하게 되면 반드시 생산을 직접 담당하는 사람들과 협의를 해야 합니다. 그렇지 않은 경우가 많기는 하지만 생산팀과 협의 없는 양산품 설계는 곧 제품의 단가 상승으로 연결됩니다.

9) 조립도 작성

양산품 설계도서를 기준으로 조립도를 만들게 됩니다. 조립도를 통하여 조립 난이도가 결정이 되며 조립 난이도에 따라 제조 인건비가 결정됩니다.

10) 금형 제작

사출물을 만들기 위한 금형 제작을 진행합니다. 금형 제작은 전문 영역으로 금형 제작 전문업체에 외주를 주는 방법이 있습니다.

11) 제어판 제작

제어판 제작은 PCB 보드를 말씀드리는 것으로 각종 모터 등 구동을 위한 자재와 함께 조립 업체에 전달해야 합니다.

12) 제품 조립

보통 사출업체와 조립이 같이 가는 경우가 매우 빈번하게 있습니다. 사출과 조립이 같이 가게 되면 사출비용과 제품 조립비용이 포함되어 OEM 생산 제품을 받게 됩니다.

제어판 제작 숫자와 사출 숫자 그리고 제품 조립을 위한 숫자는 최소 발주수량이라는 것이 있습니다. 이 최소 발주수량을 맞추어서 초도 생산제품의 수량을 정하시는 것이 일반적입니다.

13) 제품 판매

제품을 판매하시면 됩니다.

조금 정리가 되시나요? 다만 우려스러운 것은 위의 모든 과정은 모두 자신의 돈으로 하는 것입니다. 일부 요소에 정부 지원이 가능하지만 전적으로 자신의 돈으로 사업을 하신다고 생각하셔야 합니다.

아이디어만 확보하신 분을 멘토링하다 보면 답답한 경우가 많은데, 아직 제품이 구체화되지도 않았는데 투자 유치를 희망하시는 분이 많이 계십니다. 이유는 사업이 실패해도 손해를 보지 않기 위함입니다. 그런 생각을 하시는 분들에게 정중하게 말씀드리는 것이 '저에게 연락하지 마세요'입니다.

 기술이 없는 대표님들이 제조업을 창업하시게 될 경우 준비하셔야 하는 가장 기본적인 단계들을 설명드렸습니다. 기술자 입장에서 창업을 하시거나 아니면 아이템을 새로이 개발하시게 되더라도 위의 순서를 거스를 수는 없습니다.

 아이디어에서 시작해서 제품 판매까지 짧게 소개해 드렸는데 조금 느낌이 어떠신지요? 위 단계별 준비해야 하는 제반사항들과 필수적으로 진행하셔야 하는 세부적인 프로세스는 설명드리지 않았지만, 그럼에도 불구하고 복잡하지 않으신가요? 무언가 없는 것을 새로이 만들어서 사업화한다는 건 매우 어려운 일입니다. 하지만 그 어려움 끝에는 보통의 직장인이 누리기 어려운 부와 명예가 있습니다. 하지만 앞서 말씀드린 것처럼 그 단계까지 가기 매우 어렵고 힘들며 성공 가능성도 낮습니다. 준비가 되셨으면 이제 준비하셔서 시작하십시오.

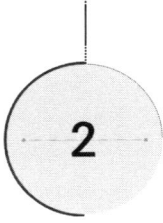

2 기술 없이 창업하기
유통업편

    기술이 있으면 기술을 활용하여 창업을 하시는데, 기술이 없는 경우 기술 없이 유통업 중심의 창업을 하시게 됩니다. 또 기술을 보유하고 계셔도 그 성공 가능성의 어려움과 두려움으로 유통업을 창업하게 되는 경우도 매우 많습니다. 그럼 기술 없이 창업해서 일정 수준이 되기 위해서는 어떤 효과적인 방법이 있을까 생각해 보겠습니다.

    매우 간단하게 상식적으로 생각해 보겠습니다. 기술이 없이 창업하면 성공할까요? 그건 모릅니다. 하지만 좋은 아이템을 잘 찾아서 유통하면 됩니다. 그럼 성공할 수 있지 않을까요? 그럼 좋은 아이템은 어디서 나올까요? 열심히 발품 팔아서 찾아야 합니다. 너무 당연한 이야기입니다. 하지만 주위를 둘러보면, 금방 창업하고 금방 폐업하는 유통업은 기술도 없고, 노력도 안 한다는 공통점을 찾을 수 있습니다. 사실 그런 멘티분을 몇 번 만나 봤지만 그분들이 듣기 좋은 소리만 하고 상담이 1시간을 넘긴 적이 없습니다.

    하지만 이러한 상식에도 불구하고, 노력도 안 하시고 운영자금도 없고 홍보도 안 하면서 수익이 발생되는 경우도 있습니다. 그런 분들이 어떤 식으로 영업을 하는지 관찰해 보니, 정말 수많은 유통업자들이 있는 곳에서 제조사 또는 단독 유통사가 제품을 홍보하면, 판매 권리를 달라고 연락을 해서 판매권리를 획득합니다. 그렇게 확보한 제품을 제고 확보 없이 온라인에 뿌립니다. 온라인 매장에 뿌리고 키워드 작업을 통해서 매출을 발생시킵니다. 이렇게 매출을 발생시키는 제품이 1,000개 되는 분도 매우 많이 계십니다. 1,000개의 제품들에서 100~200만 원의 매출이 나오면 여기에서 30~50만 원의 수익이 생기고, 이것이 한 달 누적되면 월 1,000~1,500만 원의 매출이 나옵니다. 매출만 보면 이것도 나쁘지 않은데, 키워드 작업을 위해서 비용이 상당 부분 발생됩니다. 그러다 간혹 한두 개 터져 버리면 그것으로 돈을 좀 버시는 것입니다. 그래서 이런 유통을 하시는 분의 일상은 아침에 출근해서 온라인 판매현황 자료를 엑셀 파일로 다운받아서 제조사에 넘기고, 점심 이후 퇴근할 때까지 계속 '그 제품 소개서 부탁합니다', '제품 판매 희망합니다' 하면서 온라인 앵벌이를 합니다. 또 이것을 노하우라고 강의하는 사람들이 있습니다. 정말 어처구니없습니다. 자신의 실체를 감추고 일부 성공한 것처럼 보이도록 자신의 사업을 나름대로 편집해서 특별한 노력 안 하고 돈을 벌려고 하는 사람이 너무 많구나 하는 생각을 합니다. 혹 그런 업을 하시는 분께서 이 글을 읽고 자신의 업을 무시하다고 느껴지시면 가슴에 손을 올리고 생각해 보십시오. '과연 나는 스스로에게 떳떳한가?'

 제가 매우 강력하게 유통업을 희망하시는 분들께 제안드리는 것은 유통업을 창업하기 위해 해당 분야에서 최소한 2~3년은 일해 보시는 것을 추천해 드립니다. 2~3년이라는 시간을 직원으로 일하시면서 해당 분야의 시장 흐름을 파악하시면 분명 그 시장의 단점이 보이고 그 단점을 보완한 새로운 무언가를 시도해볼 만한 아이디어가 나옵니다. 제가 상담했던 케이스를 말씀드리면, 이 대표님의 경우 잘하시는 것이 단 하나도 없으신 분입니다. 초등학교 입학해서 35살까지 놀기만 했습니다. 중간에 회사도 들어갔지만 1년도 안 돼서 그만두시고 요식업을 창업했다 망해서 대출만 늘어나고 정말 잘하는 것이 단 하나도 없습니다. 다만 이분의 장점은 깔끔하게 정리를 잘 하십니다. 정말 정리만 하십니다. 무엇이든 정리만 하십니다. 예를 들어 식당에 들어가서 컵을 보기 좋게 정리를 한다든가 아니면 지폐와 카드를 지갑에 보기 좋게 정리를 한다든가 이런 것이 장점입니다. 이분의 경우 정말 우연하게 전기배선 정리 아르바이트를 하다가 배선 정리가 깔끔하니 입소문이 났습니다. 그래서 전기 관련 자격이 없음에도 계속해서 아르바이트 요청이 들어왔고 대표님의 의지와 상관없이 지금까지 계속해서 전기배선 및 실내 인테리어 자영업 사업을 하고 계십니다. 제가 이분을 만났을 때에는 너무 일이 많아서 어떻게 하면 효과적이고 효율성 있게 처리할 수 있을까 고민하시던 시기였습니다. 처음 제안드린 것은 고객사 주문을 엑셀로 정리하면 예상 매출이 나오게 되고 이를 통해 효과적으로 일정 관리를 할 수 있다고 설명드렸습니다. 그런데 생각보다 너무 많은 고객의 주문을 확인하고 계셔서 관련 자재를 판매하는 온라인 쇼핑몰을 추천드렸습니다. 멘티 대표님과 오며 가며 알게 된 개인사업자분들의 자재 수요가 생각보다 많았고 이 수요를 한곳에 모으면 제품 공급처와 충분한 협상이 가능할 것이었습니다. 그래서 유통업을 추천드려 현재는 유통업을 하고 계시며 종래보다 시간도 많고 수익도 많이 늘었습니다. 이분의 경우 후속 멘토링은 없었습니다. 이유는 기술이 없는 단순 유통이기 때문이다.

그럼 유통업을 한다고 하면, 수많은 유통업 시장에서 살아남기 위한 전략은 무엇일까요? 너무나도 상식적으로 자본의 힘을 빌려야 합니다. 바로 자본금 한도 내에서 자본금을 지속적으로 회전시키면서 사업 초기에는 자본금을 얼마나 회전시켰는지가 중요합니다. 초기를 넘어서면서는 점진적으로 자본금을 늘리셔야 합니다. 논리는 매우 일반적인 논리입니다.

초기 자본금 중 매입비용이 500만 원이 있으면 500만 원의 자재를 전량 확보해서 빨리 소진하는 것입니다. 소진이 되기 전에 다시 빨리 500만 원의 자재를 확보하는 것입니다. 사업 초기에는 크게 무리하셔서 신용대출을 하지 마시고 사용 가능 금액 한도에서 해결하십시오. 참 말은 쉽습니다. 하지만 이런 것이 도표로 돼서 데이터가 쌓이면 어떻게 될까요? 예시를 보겠습니다.

1월	2월	3월	4월	5월	6월	7월	8월	9월	10월	11월	12월
30	40	50	80	100	120	200	200	180	50	40	40

예를 들어 1개 만 원짜리 제품을 500만 원을 들여서 500개를 구입한다고 가정하고, 1년에 총 1,130개를 팔았습니다. 그럼 2바퀴 돈 것입니다. 그렇다면 현재의 홍보 방법으로 최소한 2바퀴는 돌릴 수 있다는 것입니다. 좀 더 세부적으로 보면 여름에는 많이 팔리고 겨울에는 많이 안 팔립니다. 그럼 우리가 한 번에 500개를 구입할 수 있는데 언제 구입해야 할까요? 바로 비수기인 겨울에 제품을 구입해서 여름에 판매를 해야 합니다. 그래야 좀 더 저렴하게 제품을 구입할 수 있습니다. 또한 다달

이 제품을 구입하는 것이 아닌 500개를 한 번에 구입하니 금액 할인도 가능합니다. 더 적극적으로 하기 위해서 1,000개를 구입하셔서 1년치를 미리 확보하시는 것도 방법입니다.

1년에 500개씩 2번, 합이 1,000개 판매됩니다. 그럼 우리는 제품당 수익을 계산하여서 1,000개를 제외한 130개에 대해서 어떻게 해결해야 할까요? 보통의 경우 그냥 두면 다음 여름에 팔리니 잘 보관합니다. 그럼 우리는 단 1원의 손해도 안 보고 그냥 창고에 보관하는 보관비용만 발생합니다. 그리고 돌아오는 여름에 130개 줄여서 발주를 하면 됩니다. 그래서 망합니다. 우리가 데이터를 모아서 분석했듯이 1,000개는 판매할 수 있습니다. 그리고 개당 수익이 얼마라는 것도 확인이 가능합니다. 그럼 1년에 1,000개를 파니 이 1,000개에 대해서 얼마의 순수익(영업이익)이 발생되는지 예측이 되고 이러한 예측을 통해서 목표하는 영업이익 선정이 가능합니다. 예를 들어 개당 1원씩 남아서 1,000개를 팔아 1,000원을 확보하시는 것이 목표라면 1,130개를 통해서 1,000원의 영업이익을 확보하셨으니 130개는 과감하게 할인해서 판매하시는 것입니다. 우리는 이미 목표 영업이익을 확보하였으니 올해 추가적인 수익은 끝난 겁니다. 남은 130개를 할인해서 종래 고객에게 싸게 공급하거나 신규 고객 유치에 활용하시면 내년에는 1,000개 판매가 아닌 1,200개, 1,300개 판매가 되는 것입니다. 이러한 목표를 수립하고 실행하는 것이 판매 전략입니다.

정리를 하자면 연간 판매 수량이 예측되신다면 연간 예상 영업이익이 결정됩니다. 사업 종료 시점(10~11월)에 당해 연도 영업이익이 나옵니다. 또한 재고 수량도 나오게 됩니다. 이때 재고를 헐값에 판매하는 것입니다. 주로 주요 고객을 중심으로 판매를 하는 것을 적극 권장하여 드립니다. 그래야 차년도 매출이 늘어납니다.

어찌 보면 발생될 미래 수익인 130원을 포기하자는 논리입니다. 하지만 고민해야 할 것은, 어떤 사업이든 특히 유통업의 경우에는 기존 고객이 전체 매출의 상당 부분을 차지합니다. 우리는 우리의 사업 영위를 위해 그들의 이탈을 최대한 방지해야 합니다. 또 비수기 때 판매를 올리기 위해 각종 프로모션을 해야 합니다.

우리가 흔히 유통업을 하면서 매우 빈번하게 달콤한 사탕처럼 영업하시기 좋은 아이템 고르는 법, 아이템 싸게 사 오는 법 등등 유혹하는 것이 많습니다. 달콤한 사탕은 결국 이를 상하게 만듭니다. 물건을 싸게 사 와서 마진을 붙여서 판매하는 방법이 보통의 유통 방식입니다. 이 책에서 어디서 물건을 싸게 사 오는지 가르쳐 주는 어설픈 방법을 희망하셨다면 저도 드릴 말씀이 없습니다만, 그래도 그런 분들을 위해 희망적인 말씀을 드리면, 무엇을 팔든지 간에 가장 싼 곳은 서울의 유통상입니다. 서울의 유명한 시장마다 취급하는 자체적인 품목이 있으며 이런 품목은 전국에서 가장 쌉니다. 그리고 취급하고자 하시는 분야의 제품에 대한 네이버 카페나 밴드 또는 유통 중심의 모임에 가입하시면 싼 제품이 넘쳐흐릅니다. 이러한 노력 없이 누가 가르쳐 주는 대로 사 와서 소비자에게 단순하게 팔아서 마진을 남기시려는 분들은 저 또는 이 책이 필요 없습니다. 최소한의 노력을 해서라도 연구하고 분석하셔야 합니다.

한 가지 더 유통에 대해서 말씀드리면, 유통사업에서 성공하기 위해서는 가장 일반적이고 전통적인 방법으로 많은 수의 제품을 확보해야 합니다. 하지만 최근 온라인 점포가 늘어나면서 감나무 밑에 감 떨어지기를 바라는 유통상들이 물건도 없이 제품을 광고하고 고객이 선택하면 제조사 또는 중간 유통상에 연락하여 제품을 납품하게 하는 경우가 매우 많습니다. 그런 사업들은 결국 도태하게 됩니다. 물론 그렇게 해서도 충분한 수익이 발생합니다. 취급 품목을 1,000개 이상 관리를 한다면 말이죠.

저는 수익이 높은 제품을 잘 고르는 방법, 상품을 싸게 사 오는 방법을 모릅니다. 그리고 그런 것이 마치 대단한 컨설팅 정보인 것마냥 떠드는 사람이 있습니다. 제가 비판적 의견을 말씀드리지만 세금만 제대로 낸다면 안 좋다는 것이 아닙니다. 유통업 창업은 생각보다 어렵습니다. 그리고 유통업을 창업하시고 나서 시장에서 성공하기 위해서는 반드시 고객과 직접적인 연락을 취하고 그들의 의견을 적극적으로 들어야 합니다. 그래서 우리가 조금은 더 체계적으로 창업을 하자는 말씀을 마지막으로 드립니다.

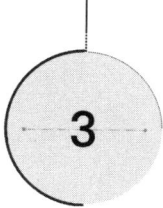

개인 창업과 법인 창업

 사업자등록신청을 할 때 가장 고민하는 부분 중 하나가 바로 개인 창업과 법인 창업 둘 중에 어떤 것으로 창업을 할지입니다. 저 역시 법령과 세법 등을 공부하기 전에는 어떤 것이 더 바람직할까 고민을 많이 했는데 사실 어떤 게 더 좋다고 접근하기보다는 '현재 어떤 형태의 사업자가 더 좋을까'로 고민해야 합니다. 그리고 그 고민의 중심에는 당연하게도 돈이 있어야 합니다.

 개인 창업자와 법인 창업자의 가장 큰 차이는 회사의 주인이 누구냐입니다. 개인 창업자는 당연하게도 회사의 주인이 개인입니다. 하지만 법인 창업자의 주인은 개인 대표가 아닌 주주입니다. 다만, 창업자가 최대주주가 되는 경우가 많으므로 최대주주가 스스로를 대표이사로 등록시키는 것입니다. 그러니 내가 만든 회사에 내가 직원으로 등록되어 월급을 받아 가는 것입니다. 다시 말씀드리면 회사는 회사고 나는 나입니다. 주체가 다릅니다. 그럼 반대 의미로, 개인 창업자는 회사의 주체가 개인이 되는 것입니다. 실제 예를 들어 설명드리면 저는 '홍승민 경영컨설팅'이라는 개인회사가 있으며 '홍승민 경영컨설팅(주)'라는 회사와 함께 두 개의 회사를 보유하고 있습니다. 전자의 경우 제 개인 회사이며 회사의 수익이 곧 제 수익입니다. 후자의 주식회사는 독립적인 주체로 매출이 발생하고는 있지만, 직원의 월급이나 관리비에 지출실적이 없습니다. 이유는 굳이 주식회사에서 등록된 직원인 저에게 비용을 처리할 필요가 없어서 그렇습니다.

그럼 법인이면 돈을 마음대로 못 쓰네? 라는 고민을 하게 되는데 감춤 없이 말씀드리면, 최대주주 100% 법인이라면 사실상 마음대로 사용하셔도 어떠한 제재가 들어오지 않습니다. 꼭 100% 주식을 보유하지 않아도 대표이사, 즉 최대주주가 대표이사로 등록이 되었다면 크게 문제가 없습니다. 다만 소수의 소액주주들, 특히 감사인원 등 등기임원이 대표이사를 소송한다면 이야기는 달라집니다. 하지만 비상장 주식회사의 소수의 소액주주들이 대표이사의 배임을 확인하고 소송할 수 있을까요?

예를 들어서 대표이사가 본인의 권한을 이용하여 계약을 진행하였고 그 계약으로 인해서 회사가 막대한 피해를 받았다면 누군가의 소송에 의해서 배임행위가 될 수 있습니다. 하지만 누가 소송을 거나요? 직원이 대표이사에게 소송을 하는가요? 만약 그렇다면 내용은 이렇게 될 것입니다.

'우리 회사 대표 홍길동은 계약 실수로 인하여 회사에 막대한 피해를 주었으니 이를 조사하여 주십시오.' 이렇게 하는 건가요? 그럼 회사의 막대한 피해의 근거는 무엇인가요? 그리고 또 회사가 피해를 입으면 누구의 손해인가요? 직원인가요? 아닙니다. 절대로 직원 피해가 아니고 주주들의 피해입니다. 직원은 월급만 받아 가면 되는 겁니다. 하지만 다른 주주들은 배임행위로 고소를 할 수도 있지요. 그럼 생각해 봅시다. 다른 주주들이 나에게 배임행위로 고소할 정도로 지금 회사가 큰가요? 그러기 위해선 투자자(현금이든 현물이든)가 있어야 하는데 그 정도 되려면 회사가 어느 정도 규모가 있어야 하는 건 아닌가요? 이해 가시는지요?

정리하겠습니다. 만약 회사 돈을 대표이사가 원활하게 사용하는 것에 대한 제약이 걱정돼 법인을 하지 않는다면 걱정하지 마시고 그냥 법인 하십시오. 다만 그 '원활하게'의 기준이 회사 돈으로 사기를 친다거나 누군가에 고의적인 피해를 준다면 문제가 되고 그 문제는 법인의 문제가 아닌 개인 문제입니다.

그럼 구체적으로 개인사업자와 법인사업자의 차이를 보겠습니다. 먼저, 정말 세부적인 것은 반드시 세무사와 상담받으셔야 함을 미리 말씀드립니다.

가장 큰 것이 세금 문제입니다. V.A.T는 당연히 10%이니 말씀 안 드립니다. 제가 말씀드리는 것은 종합소득세입니다.

개인사업자는 수익에 따른 종합소득를 신고 납부합니다. 그리고 매출액이 아닌 영업이익, 즉 발생한 매출에서 사용한 지출을 뺀 비용의 금액을 기준으로 소득세가 결정되고 이 소득세는 업종마다 다른 부가세율이 있습니다. (자세한 것은 세무사와 상담을 하셔야 합니다.)

그럼 그 수익의 기준이 무엇이냐? 매출(번 돈)에서 지출(생활비를 포함하여 모든 비용)을 제외한 남은 돈, 즉 이 남은 돈이 영업이익입니다. 이 영업이익이 얼마냐에 따라서 소득세가 결정이 되며 그리고 지출 중

빙에 있어서, 각 계정별로 그리고 업종별로 지출의 인정 기준이 다르며 역시 최종 결정세액에 영향을 줍니다. 이렇게 어렵지만, 사실 이것도 고민할 것이 아닙니다. 표준과세 기준이 있기 때문입니다. 다음 표를 보겠습니다.

> 종합소득세는 소득별 소득금액을 합산한 후 소득공제 등을 제하고 세율을 적용해 산출한다. 소득금액의 계산은 다음과 같다.
>
> - 장부를 기장하는 사업자:
> - 소득금액 = 총수입금액(매출) − 필요 경비
> - 장부를 기장하지 않는 사업자:
> - 기준경비율 대상자 소득금액 = 수입금액 − 주요 경비 − (수입금액 × 기준경비율)
> - 단순경비율 대상자 소득금액 = 수입금액 − (수입금액 × 단순경비율)
>
> | 과세표준 | 세율 |
> |---|---|
> | 1,200만 원 이하 | 6% |
> | 1,200만 원 초과 4,600만 원 이하 | 15% |
> | 4,600만 원 초과 8,800만 원 이하 | 24% |
> | 8,800만 원 초과 1억 5,000만 원 이하 | 35% |
> | 1억 5,000만 원 초과 | 38% |
> | 5억 원 초과 | 40% |

먼저 장부를 기장하는 사업자는 기장을 의무적으로 해야 하는 사람에 해당합니다. 주로 전문직이나 고소득직군에 해당됩니다. 만약 이 글을 읽으시는 분이 고소득 전문직이시라면, 세금 관련해서는 바로 가깝고 친절한 세무사를 찾아 주십시오. 기장하지 않는 분들을 대상으로 합니다.

1,200만 원 이하의 경우 세율이 6%입니다. 그렇다면 경비를 포함해

서 (비율에 따라 다르겠지만) 1년간 1,200만 원이 넘는 경우 6%를 내는 것입니다. 매출이 아닌 소득기준입니다. 예를 들어 설명을 하면, 일반 중개업 플랫폼 비즈니스 사업자 홍승민은 중개업을 하다 보니 매출이 높아 1년에 10억의 매출을 했다고 합니다. 외주처 비용을 주고 일용직 급여를 주고 남은 돈을 연말정산차 계산해 보니 1,500만 원이 남았습니다. 그럼 예상되는 세금은 1,500만 원 × 6% = 900,000원. 세금은 90만 원 나옵니다. 이 비용이 높은가요? 아니면 낮은가요? 상황에 따라 사람에 따라 다를 것입니다. 그럼 법인사업자 예를 들어 보겠습니다.

법인과 개인사업자의 소득세율 비교

법인기업의 법인세율		개인사업자의 소득세율	
과세표준	세율	과세표준	세율
2억 원 이하	10%	1,200만 원 이하	6%
		1,200만 원 초과 4,600만 원 이하	15%
		4,600만 원 초과 8,800만 원 이하	24%
		8,800만 원 초과 1억 5,000만 원 이하	32%
2억 원 초과 200원 이하분	20%	1억 5,000만 원 초과	38% 38%
200억 원 초과분	22%		

2억 미만은 10%입니다. 위와 같은 케이스로 설명드리면 1,500만 원 × 10% = 1,500,000만 원이 발생합니다. 1,200만 원 이하시라면 법인

보다는 개인사업자가 돈을 적게 냅니다. 그럼 이맘때쯤 한 가지 더 고민하셔야 합니다. '간이과세자'는 무엇인가? 쉽게 생각해서 연 매출이 5,000만 원 미만인 사업자를 말합니다. 구체적으로 4,800만 원입니다. 간이과세자의 경우 위에서 말씀드린 것들 중 해당이 안 되십니다.

그럼 고민하셔야 할 것이, 법인을 해서 뭐가 좋지? 라는 것인데 그냥 이 부분은 심리적인 것 같습니다. 예를 들어 법인이라 하면 어떠한 시스템이 있는 회사로 느껴지며 개인사업자라 하면 어떠한 시스템이 없는 것 같은 생각이 듭니다. 저만 그런지 몰라도, 제 주위는 그렇습니다. 이는 곧 영업하시는 것에 영향을 줄 수도 있으니 잘 판단하시어 법인 결정을 하시면 좋을 것 같습니다. 마지막으로 법인전환에 대해 말씀드립니다.

법인전환이란, 개인사업자를 법인사업자로 전환하는 것을 말합니다. 하지만 제가 경험해 본 대부분의 대표님은 법인전환이라는 개념을 착각하십니다. 왜 그러시는가 상담을 해 보니, 먼저 개인사업자로 시작하셔서 세금 등 각종 문제로 동일한 이름으로 또는 유사한 이름으로 법인사업자를 차리신 경우, 개인사업자도 내 회사, 법인사업자도 내 회사, 그래서 법인전환이라는 생각을 하시는데 그건 착각이십니다. 개인사업자는 개인사업자, 법인사업자는 법인사업자, 서로 독립된 것입니다. 법인전환이라는 것은 개인사업자와 법인사업자 간의 '양도양수' 계약이 마무리되어 세무 신고까지 끝난 것을 법인전환이라고 합니다. 이런 형태가 아니면 법인전환이 아닙니다. 이것이 중요한 것이 무엇이냐 하면, 혹시 관급 사업을 하시면서 또는 큰 사업을 준비하시면서 개인사업자의 업력이나 납품실적을 법인이 한 것으로 착각하시고 서류를 작성하시게 되면, 나중에 증빙자료 제출 시 해당 실적으로 인정을 못 받으실 수도 있습니다. 그러므로 상황에 맞는 법인전환 또는 법인사업자, 개인사업자 등록을 하시면 좋을 것 같습니다.

4. 직장인이 창업하면 회사에서 알까?

과거에는 평생직장이라는 말이 있었습니다. 저의 학창 시절만 해도 그랬습니다. 지방대학교를 나와도, 전공을 살리지 못하더라도, 대학만 나오면 웬만한 중견기업 이상 기업에 취업이 가능했고 학점이 조금만 좋고 토익만 900점 되면 대기업도 쉽게 들어갔습니다. 물론 보직에 따라 다르겠지만 그런 시절이 있었습니다. 하지만 지금은 평생직장이라는 말이 없어진 지 오래되었습니다. 그리고 언제 해고당할지 모르는 시대가 왔습니다. 또 대기업 취직하기는 어려운 시대가 왔습니다. 이러한 시대를 잘 반영한 텔레비전 광고가 있습니다. 현대자동차 그렌저 광고 중에는 회사를 나가서 창업한 직장동료가 멋있게 그렌저를 타고 회사를 나가는 광고가 있었습니다. 성공한 창업가입니다. 이렇듯 지금은 멀티 Job 시대입니다. 하지만 대부분의 직장인들이 Two Job을 하기에 걱정되는 부분이 많습니다. 대표적인 것이 내가 사업자등록증을 내면 현재 다니는 직장에서 알까? 그리고 불이익을 당하면 어떡하지? 입니다.

결론부터 말씀드리면, '모릅니다.'
그러니 걱정하지 말고 사업자등록증을 발급하십시오.

먼저 현재의 직장이 중요합니다. 공무원 신분이나 아니면 공사나 공단에 다니시는 직장인에 해당되시면, 대부분 겸직이 불가능하니 창업은 정년 이후 진행하시는 것이 좋습니다.

  일부 일반 기업의 경우에도 겸직을 하게 되면 회사에서 바로 안다고 하시면서 걱정들을 하시는데, 저는 사실 어떻게 알지? 라는 생각을 합니다. 그 이유는 내가 창업을 하든 내가 부업을 하든 어떠한 방식이든지 간에, 나에게 발생되는 각종 개인정보인데 일개 사기업이 개인의 정보를 어떻게 확인을 한다는 것인지 궁금하기 때문입니다. 하지만 이럴 수는 있습니다. 연말정산 시 세금을 돌려받거나 아니면 세금을 더 내셔야 하는 경우 10년간 꾸준하게 10만 원씩 세금을 돌려받으셨는데 하필이면 올해 세금을 –10만 원이 나왔다면 그리고 또 그 연말정산 담당자가 10년 동안 교체되지 않아 나의 상황에 대해 잘 안다면, 그럼 걸릴 수도 있습니다. 이런 경우가 아니면 사실상 회사에서 알 수 있는 방법은 매우 제한적입니다.

  대부분의 직장인들이 해당되는 민간기업, 즉 사기업에 다니시는 경우 법적인 아무런 제재가 없습니다. 만약 제재를 한다면 오히려 그 회사가 문제가 많은 회사입니다. 이러한 법적인 것 말고 어떤 걱정거리가 있을까요? 회사로부터 나타나는 보이지 않는 불이익일 것입니다.

  다행히도, 우리나라는 개인정보 보호 수준이 법적인 면에서는 굉장히 높게 보호하고 있습니다. 그래서 기업이 자신의 직원에 대한 정보를 임의로 확인하기 매우 어렵습니다. 그래서 회사에서는 직원이 Two Job인지 Three Job인지 확인할 방법이 없습니다. 하지만 간접적으로 확인 가능한 방법이 있습니다. 연말정산 시 세금 또는 의료 보험이나 고용보험 등 비용의 변화에 따라 간접적으로 추정 가능합니다. 예를 들어서 설명드리면, 만약 제가 Two Job를 하게 된다면 다음과 같이 변화됩니다.

	일반 직장인	Two Job 직장인
소득세	전년도와 비슷한 수준의 소득세	늘어난 소득만큼 추가 되는 소득세
각종 의무 보험	변동 없음	법인 전환 시 급여에 따라 다름

1) 종합소득세 해결 방법

먼저 소득세를 설명드리면, 잘 아시듯 대부분의 직장인은 1년에 한 번 연말정산을 합니다. 연말정산은 1년 동안 벌어들인 소득과 지출을 제외하고 난 금액에 대한 종합소득세를 할당하고 할당된 세금을 지불 또는 환급받는 것입니다. '홍승민 부장'이 2020년도에 종합소득세를 100만 원가량 내다가 2021년도에 갑자기 300만 원을 내게 된다면, 충분히 의심할 만합니다. 대부분의 경영지원팀은 이러한 현상이 발생할 때 내부적으로 협의하고 담당자에 물어봅니다. 왜 세금이 늘어났느냐고 말이지요. 물어보는 이유는 다음 달 월급에서 제외하고 급여를 제공해야 하기에 물어봅니다. 직장인이라면 누구나 경험했을 것입니다. 이러한 문제를 해결하는 방법이 있습니다.

먼저 12월에는 직장에서 진행하는 소득정산만 신고하거나 아니면 5월에 직접 하겠다고 하시면 됩니다. 적절한 논리로는 기부금 영수증을 아직 다 못 받았고 4월에 발행받는다고 하시면 됩니다. 세금은 기업에서 대신 신고해 주지만 개인적인 문제이므로 절대 대신하지 않습니다.

그래서 본인이 직접 한다고 하면 담당자들은 일감이 줄어들어 좋아할 수도 있습니다.

2) 각종 의무보험 해결 방법

개인사업자보다는 법인사업자에 해당하는 경우인데, 법인을 하시면 4대 보험에 가입을 하셔야 하고 이중 가입에 해당이 됩니다. 하지만 청구되는 비용은 특히 고용보험의 경우 월급을 많이 주는 곳에서 부담합니다. 그래서 어느 날 갑자기 고용보험료가 현 직장이 아닌 창업한 직장에서 내야 하는 상황이 발생한다면 100% 회사에서 확인 가능합니다. 이런 경우는 사실 해결 방법이 없습니다. 보이지 않는 불이익을 견뎌 내셔야 합니다. 하지만 고용보험의 경우 월급이 더 많은 쪽에서 낸다고 말씀드렸습니다. 그렇다면 현재 직장을 그만두고 본인이 대표로 있는 회사에서 일하는 게 더 좋지 않나요? 굳이 눈치 보면서 현재 직장에 재직하실 필요가 있을까요? 그렇다면 나에게 이익이 되는 것은 무엇이 있지요? 잘 생각해서 현명하게 판단하시면 좋을 것 같습니다.

3) 기타 해결 방법

사기업은 겸직을 금지하지 못합니다. 다만, 같은 직종에서 같은 업무를 개인 또는 타인을 위해 수행하며 그 수행 시간이 근무 시간과 중복된다면 배임에 해당될 수 있습니다. 이러한 이유로 동일한 업무로 창업을 하시는 경우는 조금 조심스럽습니다. 하지만 이외의 창업은 문제가 없습니다. 다만 회사의 내규상 문제가 발생될 수도 있기 때문입니다. 이러한 방법을 해결하는 가장 쉬운 방법이 부모 형제를 잠깐 빌리는 것입니다.

'저희 부모님이 일찍 유산을 물려주셔서 임대사업을 하고 있습니다', '저희 형이 세금 많이 나온다고 제 명의를 빌려 갔습니다', '저희 누나가 개인 사정이 생겨서 부득이하게 매형과 제가 이사로 등록돼서 급여가 발생합니다'와 같이 이런저런 핑계를 만드시는 것이 좋습니다.

정리를 하자면 다음과 같습니다.

① 공무원이나 공직이 아니라면 겸직은 문제없다.
② 겸직을 해도 절대 회사에서 알 수 없으며 안다고 해도 각종 핑계를 대자.
③ 만약 개인사업자의 세금이 직장인 월급보다 더 나와서 회사에서 알게 된다면 그땐 검증된 사업이니 회사를 그만두셔도 좋다.

당장의 핑계를 만들고 잠을 쪼개면서 Two Job을 하기에는 너무 어렵고 힘이 듭니다. 하지만 당장의 어려움을 극복하고 목적을 일부 달성하게 된다면 그 성공의 열매는 너무 달콤합니다. 지금 창업을 희망하신다고 하시면 과감하게 지원하십시오. 그 어떤 사람도 대표님을 욕하지 않습니다.

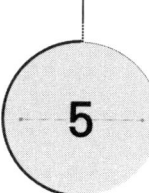

5 기술자들의 창업

본인이 기술을 가지고 있는 상태에서 그 기술을 응용해 창업을 하시는 형태로 제가 가장 추천하는 창업의 형태입니다. 기술을 확보하신 상태에서 창업을 하시는 경우, 초기 창업은 자신의 종래기술을 활용하여 영업활동을 하고 사업 확장을 위하여 신제품을 취급하시게 되는 경우 등을 말씀드립니다. 이러한 창업이 안정적인 이유는 다음과 같습니다.

1) 가장 안전한 Cash Cow

현금젖소라고 불리는 것으로 BCG 매트릭스에서 분석할 때 나오는 용어입니다. 수익은 높지 않더라도 지속적으로 수익이 발생하는 사업을 말합니다. 기술창업의 경우 대부분 종래기술을 활용하여 창업을 하시게 됩니다. 그리고 창업 전에 일정 부분 영업을 한 상황에서 창업들을 하시게 되므로 가장 안정적인 창업이라고 생각하겠습니다. 더불어 기존 고객들과 일정 부분 유대감이 이미 형성되어 있기에 창업 즉시 영업이 가능합니다.

2) 사업 확장을 위한 신사업

사업을 확장하기 위해서는 신사업이 반드시 필요합니다. 그럼 우리는 어떤 신사업을 고려해야 할까 생각해 봅니다. 당연하게도 종래 사업의 연장선상에 있는 사업 아이템을 선택하시는 것이 좋습니다.

앞서 말씀드린 기존에 하던 사업을 영위하면서 새로이 추가되는 사업 확장이므로 새로운 사업을 진행하기에도 재무 확보가 상대적으로 용이한 경우입니다.

3) 아이템 선정

기존에 생산하시는 제품의 업그레이드 제품으로 신제품을 개발 창업을 하셔도 되며 동시에 종래 고객사와 중복되지 않은 제품으로 해야 합니다. 종래 고객사와 중복되는 아이템이라면 당연하게도 고객사가 긍정적으로 생각하지는 않을 것입니다.

4) 개발인력 확보

창업 시점에서 어떠한 기술을 확보하셨으며, 어떠한 기술이 부족하신지 충분히 파악 가능합니다. 초기 스타트업의 경우 기술력 확보는 곧 엔지니어의 확보이므로 필요 분야의 엔지니어를 충분히 보충하실 수 있으므로 개발인력 확보에도 충분한 가능성이 있습니다.

5) 안정적으로 사업에 성공하기 위한 방법

저는 주로 엔지니어분들과 일을 많이 하였습니다. 그리고 현재에도 엔지니어 대표님들의 컨설팅이 50% 이상입니다.

기술자들의 창업 시 가장 우려되는 점이 대표님의 마음가짐입니다. 물론 다른 창업의 경우에도 마음가짐이 중요하지만, 엔지니어들은 엔지니어만의 자부심이 매우 강력합니다. 이러한 강력한 자부심으로 인해서 사업이 목표대로 성공하기 어려우며 실제 제품이 나오기도 어렵습니다. 엔지니어 대표님들과 이야기를 해 보니 다음과 같은 특징이 있었습니다.

① 나의 기술적 한계

자신의 엔지니어링 한계에 대해 매우 부끄럽게 생각하고 계시는 분들이 상당히 계십니다. 본인의 기술적 한계를 알고 있기에 이를 극복해야 하지만, 극복하는 방법에 있어서 신규 고용을 통해서 해결하려고 하십니다. 신규 고용을 통해서 기술력을 확보해도 좋지만, 외주인력을 사용해서 기술력을 확보하시려고도 합니다. 보통의 경우라고 생각하는데 조금만 생각의 방향성을 바꾸어 보겠습니다.

개발하시는 개발자분이 본인의 기술은 빅데이터 전문가로서 주로 데이터 분석에 강점이 있다고 생각하겠습니다. 하지만 개발하고자 하시는 분야는 증강현실 분석으로 특히 이미지 분석이 중심이 되는 기술개발입니다. 그렇다면 데이터 분석은 잘하지만, 이미지를 분석하는 분야는 다른 분야이므로 증강현실 전문가를 고용하거나 또는 외부 자문 형식으로 외주용역을 생각하고 계십니다. 하지만 꼭 이 2가지 방법이 일반적인 방법일까요? 기술을 보유한 다른 전문가와 외주 형식이 아닌 공동개발의 형태는 어떠한가요? 공동개발이기에 지분을 주어도 되며 또는 기술자로부터 멘토링 형태가 되어도 좋습니다.

하지만 쉽지 않은 결정일 것입니다. 엔지니어 대표분들은 자신의 부족한 점을 반드시 통제하려는 성향이 강하십니다. 꼭 기술에 대해서 기술개발 단계별 통제가 아닌 협업의 관점이라면 이야기는 달라집니다. 그리고 지금은 협업을 해야 생존하는 산업생태계에 있습니다. 또한 각 지자체별로 협업을 준비하는 기업들을 대상으로 다양한 정부 지원 프로그램을 운영하고 있습니다.

② 기업의 기술 유출

기술적으로 민감한 부분은 하사 기술 유출을 염두에 두어야 합니다. 우리가 아무리 보안을 잘한다 하여도 기술은 유출됩니다.

기술개발 사업을 준비하면서 아이디어 수준에서 개발을 시작하게 되는 경우 직원이나 또는 외주개발 시에도 기술은 유출됩니다. 특히 자신의 아이디어를 타인과 교류하는 과정에서 이 기술 유출은 심각하게 진행됩니다. 여기까지는 누구나 아는 이야기입니다. 기술보안 전문가들과 이야기를 하면 기술 유출을 원천적으로 방지할 수는 없다고 합니다. 그리고 아무리 대비한다 하여도 그 수준은 최소한이 될 것입니다. 그럼 우리가 초기 창업 시 기술 유출을 대비해야 하는데 이를 확실하게 하는 방법은 어떤 것이 있을까요? 이미 눈치채셨겠지만, 사실 방법은 없습니다. 다만 말씀드리고 싶은 것은 기술을 자사의 엔지니어 또는 외주 엔지니어에 의해 유출될 때 법적인 책임이 매우 무겁다는 것을 알려 주는 방법 말고는 없습니다.

③ 내가 가장 전문가

우리 엔지니어분들이 매우 높은 수준으로 자신의 기술적 한계를 좀 더 두려워하고 본인이 가장 전문가라고 생각하시는 분은 적습니다. 하지만 대부분의 경우 보통 본인이 가장 선도적인 전문가라고 생각하며, '너의 기술을 조금만 알려 줘 봐. 그럼 내가 힌트를 찾아서 흉내 낼 수 있어'라고 착각들을 하십니다.

아이디어 수준이 아닌 어느 정도 구체적인 개발이 계획되거나 진행된 프로젝트는 단순하게 아이디어만 듣는다고 모방하기 어렵습니다. 하지만 현실에서는 본인이 잘 모르는 척하면서 속으로는 최고 수준의 전문가라고 생각하십니다. 그래서 외부의 의견을 무시하는 경우가 종종 있습니다.

제가 말씀드리는 것은 딱 하나입니다. 우리가 기술개발을 하게 되는 경우 매우 바람직한 창업 형태가 되지만, 외부의 의견을 적극 활용하며 그들에게 적당한 보상을 해야만 목적하신 성과를 얻으실 수 있습니다. 하지만 이게 좀처럼 쉽지 않습니다. 상대방의 의견을 무시하기 바쁘고 상대방의 아이디어를 '내가 할 수 있어'라고 생각하며 넘어갑니다. 하지만 정작 본인은 상대방의 의견을 무시한다고 생각하지 않습니다. 이러한 조건에서 본인이 직접 하시면서 현실의 벽에 종종 좌절합니다. 어찌 보면 사람의 성향입니다. 우리는 성향을 쉽게 바꾸지 못합니다. 하지만 벽에 부딪쳐 극복하지 못하는 것보다는 마음의 문을 열어 보는 건 어떤가 제안드립니다.

우리가 창업을 하면서 가장 문제가 되는 것이 재무적인 문제입니다. 재무적 문제가 해결되면 대부분의 엔지니어를 직접 고용하여 자체적으로 기술 축적을 달성하시면 됩니다. 하지만 현실에서는 이 재무 문제로 많은 부분 엔지니어를 고용하지 못하고 직접 하게 됩니다. 우리는 모두 해당 분야의 전문가 집단이 아닙니다. 그래서 기술개발을 하기 위해서는 외부의 다른 전문가의 도움을 받아야 합니다. 이런 외부의 도움이 단순한 외주 형태가 아닌 같이 개발하는 공동개발의 형태라면 더 보기 좋을 것 같습니다. 그러기 위해서는 다른 전문가들과 만나서 이야기를 듣고 그들의 고충이 무엇인지 분석하고 이를 내가 한다면 어떻게 해결해야 하나 고민하면서 동시에 내가 제안해 줄 수 있는 것은 무엇인가를 항상 끊임없이 고민해야 합니다. 그리고 이러한 협업은 실제 온라인과 오프라인에서 매우 빈번하게 발생되고 있습니다. 다만 문제는, 그런 온·오프라인 모임에 지금 이 글을 읽으시는 기술창업자 대표님이 안 계신 것입니다.

 제가 강조해 드리는 것은 위에 말씀드린 딱 하나입니다. 이런 제 논리는 반복적으로 강조해도 나쁘지 않습니다. 나와 같은 엔지니어들을 찾아 나서시고 그들과 협의하시고 방법을 찾아야 합니다.
 나의 아이디어, 나의 기술력은 사실 별것 아닙니다. 하지만 이런 별것 아닌 기술력과 아이디어가 다른 사람을 만남으로써 시너지 효과가 나오고 이를 더욱 발전시킬 수 있다면 어떨까요? 그리고 우리는 이미 과거에 두레나 향약 같은 기술 공유, 생산 공유 등의 경험을 해 봤습니다. 다만 산업화가 되면서 이러한 협동정신의 이해보다는 개인적인 이해 중심으로 학습된 것입니다. 이제 다시 협동을 해야만 사회에서 생존할 수 있는 시대가 왔습니다. 지금 고민하지 마시고 유사한 동종업계 관계자분들과 협업을 준비하십시오.

# 학생 창업, 과연 정답일까?

 미국 스탠포드대학의 설명에서 들었던 것입니다. 그들의 자랑은 자신의 학교 재학생이 또는 졸업생들이 창업해서 어떤 기업을 만들었습니다라는 설명이 아닌 스탠포드 졸업생들이 만든 회사의 숫자, 그 회사들이 벌어들이는 돈의 숫자, 고용한 직원의 숫자 등을 표현했던 기억이 납니다. 우리나라도 학생 창업을 많이 권장하는 사회입니다. 저 역시 학생 창업을 적극 권장하는 사람 중에 하나입니다. 하지만 고민해 봐야 할 것이 있습니다.

 플랫폼 구축사업을 구상하는 대학생 창업자 한 분이 계셨습니다. 아이템에 대해서는 구체적으로 설명드리기는 어렵기 때문에 아주 간단하게 설명드리면, 우리가 흔히 접하는 것들을 플랫폼화하여 플랫폼에서 거래하게 만드는 것입니다. 아이디어는 나름 괜찮았습니다만 법적인 문제를 해결해야 하는 것들이 너무 많이 남아 있었습니다. 저는 이러한 법적인 부분을 해결하기 위한 방법들을 설명드리고 가장 최소한의 비용으로 해결하는 방법을 안내해 드렸습니다. (저는 변호사가 아니기 때문에 법적인 것을 쉽게 말씀드리지 못합니다.) 큰 문제는 다름이 아니라, 프로그램 전문가라고 하신 창업자분은 사실 프로그램 전문가가 아닙니다. 학교에서 하는 대회에서 우승을 하기도 했지만, 그 정도 수준에서는 프로그램을 만드는 흉내를 낼 수는 있지만 본인이 모든 것을 스스로 할 수는 없었습니다. 아이디어만 좋다고 창업을 과감히 결정하는 학생 창업자분들이 너무 많이들 계십니다. 창업은 아이디어 문제가 아니고 기술력 문제입니다. 기술이 없는 상태에서 아이디어가 좋다고 하면 누구나 창업해서 성공할 수 있습니다. 제가 만약 로켓을 타고 우주여행을 하는 아이디어가 있다고 한다면 과연 실현 가능할까요? 절대적으로 불가능합니다.

비단 이러한 것은 학생뿐만이 아니라 전문 지식이 없는 상태에서 창업을 하는 모든 분들에 해당되는 이야기입니다.

한 예비창업자분은, 외국인과도 팀을 구축하여 팀 인원이 5명입니다. 이 중 핵심 창업 멤버는 현직 예술가이시며 창업자 본인은 기술이 없어서 학원을 다니면서 기술을 배우고 계셨습니다. 이분들의 아이템은 딥러닝을 이용한 개인 비서이자 친구 같은 AI를 만드는 사업이었습니다. 이분들 역시 가장 큰 문제는 전문적인 지식이 없다는 것입니다. 아이디어를 구체화시켜 드리면서 창업자분들의 아이디어를 최대한 정제하고 단순화하여 당장 구현 가능한 수준까지 만들어 드렸지만, 멘토링 최종 단계에서 다시 처음으로 돌아가 본인들이 원하는 모든 것을 구현하고자 하셨습니다. 저는 프로그램 전문가는 아니지만 어느 정도 딥러닝에 대한 이해도와 교육을 받아 프로그래밍의 난이도는 이해합니다. 이들이 구현하고자 하는 난이도는 딥러닝 전문가가 기획하고 관련 핵심 인력 3인 이상이 1년 이상 매달려야 하는 프로그램입니다. 제가 말씀드리는 딥러닝 전문가는 국내 300명이 안 됩니다. 이 창업자분들은 본인들이 딥러닝을 배워서 일정 부분 알고리즘을 완성하고 그 이후 투자를 받아서 완성하겠다는 계획이셔서, 더 이상 제가 필요 없을 것 같아 추가 멘토링 없이 종료한 적이 있습니다. 제가 마지막 멘토링 때 간곡히 부탁드린 것은 딥러닝 전문가라 하면 딥러닝 박사급 엔지니어를 말하는 것이며 핵심 인력은 경력 7년 이상 된 엔지니어를 이야기한 것이니 엔지니어를 잘 선택하셔야 사업의 승부가 달라진다고 말씀드렸습니다. 본 글을 작성하는 시점에서 어디까지 사업이 진행되셨는지는 확인하지 못했지만 추정하건대 단 한 걸음도 진척을 못 나갔을 것입니다. 일부 진행하였다 하더라도 기능을 구현하지 못하였을 것입니다. 왜 이런 단정을 하는가 하면 그분들은 전문적인 지식이 없을뿐더러, 그들을 가르쳐 주는 학원 강사님 역시 박사급의 엔지니어도 아니시고, 심지어 자본금은 100만 원도 없으셨습니다.

너무 부정적으로 표현을 하였지만 위 두 가지가 운영 능력이라는 것입니다. 다른 말로는 실력이라고도 말할 수도 있습니다. 이러한 운영 능력이나 실력이 없으시면 실력을 먼저 기르셔야 합니다. 다른 한 가지 예를 들어 보겠습니다.

'저희 팀의 가장 큰 장점은 젊음과 패기입니다.' 이런 정신은 너무 좋습니다. 하지만 이런 말씀들을 남발하시는 분들이 계시는데, 참 안타깝습니다. 인터넷 용어로 '현타' 이런 말들이 있습니다. 그렇습니다. 창업을 하고 나면 일반 대중들은 그 회사를 바라볼 때 전문성과 자본력 그리고 기술력을 보지, 경영진 또는 운영진의 젊음과 패기를 보는 것이 아닙니다. 전문성과 자본력 그리고 기술력이 있어야지 그 회사와 거래를 하고 일을 같이 진행합니다. 그다음에 보이는 것이 패기입니다.

그럼 학생 창업을 다른 방향으로 해석해 보겠습니다.
학생 창업을 해서 성공하여 돈을 벌면 좋은데 그렇지 않으면 어떡하지? 라는 고민을 하지 마시고, 창업을 해서 반드시 매출을 만들고 이 실적을 1년 이상 유지한다면 시장 조사부터 소비자 분석 그리고 제품 개발부터 판매, 홍보 등 모든 분야를 경험하게 되십니다. 이러한 경험은 이후 회사에 입사를 하게 되어도 너무 큰 장점이 됩니다. 고용인의 입장에서 각종 자격증에 학점 높은 사람도 좋지만, 제품 하나를 처음부터 기획하고 개발해서 사업화까지 해 본 인원이라면 더 매력적이지 않을까요? 물론 학점과 창업 두 가지 모두 달성하기는 어렵습니다. 그렇기에 단계별, 목표별로 진행해야 합니다.

본 장을 작성하면서 대학생(고등학생 창업은 제가 경험이 없습니다) 창업을 하여 성공하신 분의 책을 읽었습니다. 그 책은 이런 내용이 주를 이루고 있었습니다.

① 창업은 도전이며 도전 역시 아름답다.
② 창업을 하고 회사를 운영하면 너무 큰 자산적 경험 획득이다.
③ 창업에 성공하기 위해서는 준비가 필요하다.
④ 실패하면 아프다. 실패하지 않기 위해서 노력과 준비를 하자.

다양한 사례와 경험이 가득 담긴 책이 많으며 이런 책이 실제로 도움이 될 것이라 판단합니다.

정말 좋은 케이스이며 이미 저와 같이 전문가 수준의 창업 전문가입니다. 하지만 여기서 고민해야 할 것이 있습니다. 앞서서 말씀드린 것처럼 우리는 보다 향상될 실력을 위해 노력을 해야 합니다.

창업의 현실과 극복 방법

길거리를 다니다 보면 문득 창업을 생각하십니다.

'이런 거 만들어 팔면 잘 되겠는데?', '이런 사업이라면 나도 할 수 있겠는데?' 등과 같은 생각을 하시고 창업을 하십니다. 다른 경우로는 의지와 상관없는 창업이 있을 수도 있습니다.

창업을 하시고 3년 정도가 매우 어렵습니다. 이른바 Death Valley를 극복하기 매우 어렵기 때문입니다. 여기서 착각하지 말아야 하는 것은 Death Valley는 창업 후 3년이 아니라 본격적인 사업을 시작하고 3년이 어려운 것입니다.

여기서 우리가 하는 착각은 금방 말씀드린 창업 후 3년에 대한 착각입니다. 창업의 절대적인 날짜 이후 3년이 아니라 본격적인 사업을 하고 나서 3년입니다. 그럼 본격적인 사업을 하고 나서의 기준을 보면 일단 시제품이 있어야 하며, 시제품 생산을 위한 금형 등 기반이 어느 정도 있으셔야 하고, 더불어 사업장 역시 있으셔야 하며, 소규모지만 일부 매출도 일어난 상황이어야 합니다. 이때 홍보를 진행하기 시작하시는데 이때가 바로 3년 정도 되는 시점입니다. 바로 이때가 데스벨리의 시작입니다.

이 Death Valley는 누구나 다 경험하게 되는 현상입니다. 이를 극복하기 위한 다양한 마케팅적 기법이 개발되고는 있지만, 아직 구체적인 방법론이 체계적으로 나온 것은 존재하지 않습니다. 하지만 Death Valley에 대한 그래프 수준의 강의만 이해한 시점에서 초기 창업 기업에 강의를 하는 컨설턴트들이 마치 무슨 혁신적인 방법인 것마냥 강의를 하며 비법 아닌 비법을 설파하고 있는데, 그런 강의를 듣는 창업자들을 보면 답답합니다. 이미 100년 정도 검증된 전통적인 방법을 통해서 극복할 생각은 안 하고 꼼수만 부리려고 하시면서, 이러한 꼼수가 통한 일부 사례가 마치 자신에게도 일어날 거라 착각을 하시면서 그런 꼼수만 찾아다니시는 것을 보면 '아, 저런 꼼수를 찾는 사람이 있으니 저런 꼼수를 가르쳐 주는 강사가 있고 이것 또한 하나의 사업 아이템이구나' 하는 생각을 합니다. 그럼 우리는 여기에서 생각해야 하는 것이 창업의 현실을 확인하기 앞서서 도대체 Death Valley가 무언인지 알아봐야 합니다. 그럼 Death Valley에 대해서 구체적으로 알아보겠습니다.

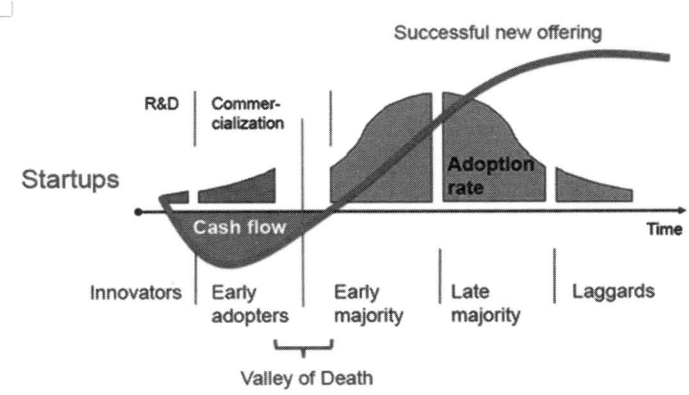

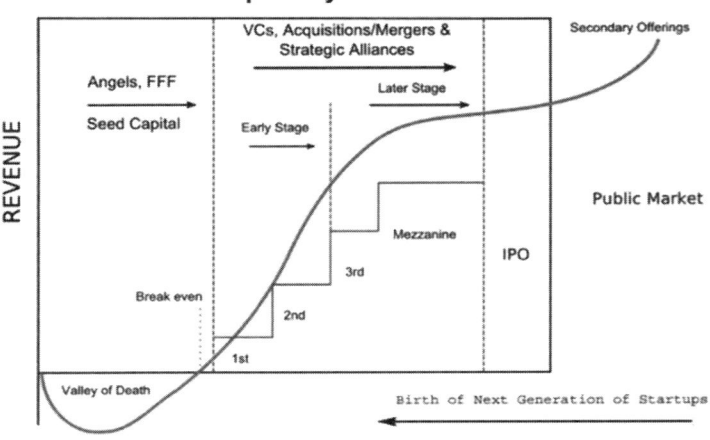

위 그래프에서 보면, 기업의 성장하는 단계에서 창업을 하고 초기 투자를 받아서 일정 부분 매출이 발생하면서 직원 수가 늘어나는 단계에서 비용은 지속적으로 발생하지만 발생하는 매출이 수익으로 전환되기 어려운 단계, 즉 ROI가 Even으로 돌아서지 않은 단계를 말합니다. 용어가 생소해서 어렵다고 느끼실 수도 있습니다. 조금 더 상세하게 설명드리면 다음과 같습니다.

초기 창업을 하시면서 매출에 대해서 가장 많은 고민을 하시게 됩니다. 이때 하루 매출이 얼마가 나와야 하고 한 달 매출이 얼마가 나와야지 사업 운영이 가능한 목표 매출 계산이 됩니다. 동시에 초기 투자금이라는 것이 존재합니다. 이러한 초기 투자금까지 고려해서 모든 비용이 수익으로 전환되는 시점을 BEP(Break Even Point)라고 하며, BEP가

되고 나면 보다 공격적인 마케팅을 동원하여 사업을 확장해 나가는 단계로 연결이 됩니다.

> 초기 투자금 + 회사 운영비 + 재료비 + 마케팅비 = 매출액 – 재료비 (영업이익)

물론 사업의 아이템 또는 시장성에 따라서 추가 투자로 연결이 되는 사업이 있으며 그렇지 못한 사업이 있습니다. 그럼 다음은 창업 유형별 예비 창업 이후 경험하게 되는 현실에 대해 알아보겠습니다.

1) 무직 창업의 현실과 극복

만약 무직에서 창업을 하시게 된다면 또 다른 고민을 해야 합니다. 우리나라의 무직 창업이 가능하신 분들은 학생분들이며, 졸업 직후 창업하시는 경우가 대부분이실 것입니다. 학생분들이 사회경험이 없는 상태에서 창업을 하게 되어 조금 더 걱정스런 마음으로 글을 이어나가면, 무직에서 시작을 하게 되면 가장 큰 현실적인 문제는 (물론 다른 형태도 그러하지만) 초기 자본금이 거의 없는 상태에서 창업을 하게 되는 경우가 많으시며 이러한 자본금 확보 방법 때문에 현실의 벽을 직면하는 창업자가 많이 계신다는 것입니다. 또한 창업하는 기술에 대해서 충분한 소양이 없는 상태에서 시작하시는 경우가 많이 있습니다. 이러한 것은 어떻게 보면 당연한 것입니다. 사회적 경험이나 또는 해당 분야에 대한 포괄적인 지식이 없는 상태에서, 더군다나 자본금이 거의 없는 상태에서 창업을 하는 경우가 대부분이기 때문입니다. 그럼 이러한 어려운 점을 어떠한 방법으로 해결해야 하는지 간단하게 알아보겠습니다.

① **전문 지식이 부족한 경우**

학원을 다니시면서 직접 지식을 습득하시는 것을 기본으로 하고 기술적 부족함을 채워줄 전문가를 고용하셔야 합니다. 예를 들어 프로그래머라고 가정을 한다면, 학교에서 조금 실력이 좋다고 또 작은 규모의 대회에서 우승을 하셔도 실력이 좋으신 것이 아닙니다. 나의 실력을 객관적으로 검증해줄 만한 어떤 절차를 반드시 진행하셔야 합니다. 가장 기본적인 것이 자격증 취득입니다. 또 창업 전에 다양한 방법을 통해서 다른 사람들과 공동 작업을 직접 진행해 보시는 것도 추천드립니다.

조심스럽게 말씀드리면, 한국은 뿌리 깊은 도제식 문화입니다. 예를 들어 사수-부사수 관계를 말씀드리는 것입니다. 이러한 것이 매우 불합리한 방법이라고 판단하실 수도 있지만 다른 방법으로는 한 사람의 업무 노하우를 거의 다 받아들이는 것이므로 그렇게 부정적으로 판단하지 않아도 됩니다. 정리를 하자면 다른 분들과 공동의 작업을 하면서 그들로부터 그들의 업무 해결 방법을 배워 보자는 것입니다.

② **자본금이 없는 상태**

창업을 하시고 모든 것을 투자하실 준비가 되셨다면, 부모 형제 모두의 도움을 받으시고 추가로 대출을 받으셔야 합니다. 먼저 정부 및 금융권의 대출을 진행하시기 전에 부모 형제의 도움을 받으셔야 합니다. 너무 당연한 이야기를 해 드렸지만, 이런 당연한 이야기를 굳이 글로써 설명드리는 이유는 이런 당연한 것을 하지 않는 경우가 대부분의 창업자에 해당되기 때문입니다.

자본금도 없는 상태에서 도움을 받지 못하는 상황이시라면 정부 또는 금융권에서 대출을 받으셔야 하는데, 딱히 대출이 어렵지는 않으나 원하시는 수준의 대출이 불가능할 수 있습니다. 만약 이것도 어렵다면 창업을 깊게 고민해 보셔야 합니다. 간혹 가다 온라인상에서 무자본으로 창업을 해서 많은 돈을 벌었다는 광고를 종종 접하게 되시는데 세상에 그런 것은 존재하지 않습니다. 젊은 청년을 대상으로 하는 불법 다단계가 아직도 성행하는 이유입니다. 그래서 저는 자본금이 없으신 예비창업자분들은 창업보다는 구직을 추천드립니다.

2) 직장인인데 창업을 하게 된다면

직장인으로 창업을 하시게 되면 당면한 문제는 시간 싸움입니다. 보통의 경우 하루 8시간을 직장에서 열심히 일하시고 난 다음 퇴근하셔서 창업을 위한 준비를 진행하시는데 시간이 절대적으로 부족하게 됩니다. 보통의 사람이라면, 당장 돈 되는 일에 신경을 쓰게 됩니다. 그럼 당연하게도 다른 하나는 상대적으로 신경을 덜 쓰게 됩니다. 이러한 문제를 해결하는 가장 쉬운 방법은 창업을 위한 Road Map을 만드시고 그 Road Map을 기준으로 큰 업무 중심으로 해결해 나아가시면 됩니다. 저의 경우 다이어리를 활용합니다. 다이어리를 기준으로 월간 목표를 설정하고 그 목표를 달성하기 위해서 일주일에 한 번씩 확인을 하고 해당 주에 반드시 해결해야 할 것들을 진행하고 있습니다. 그리고 두 번째 문제가 있습니다. 바로 체력 문제입니다.

보통의 사람이라면 하루 10시간 이상 일하기 어렵습니다. 만약 이렇게 일하는 습관이 길들여진 사람이라면 큰 문제는 없지만, 대부분의 사람은 10시간이 아닌 8시간 일하는 것이 어렵습니다. 그럼 나는 해당이 안 되는데? 하시는 분이 계실 것입니다. 조금 더 솔직하게 생각해 보아야 할 것이 하루 8시간 근무 중 업무에 100% 집중해서 일하는 시간은 몇 시간일까요? 하루 10시간 이상 일하시는 분들은 주로 자영업자분들이나 매우 빠른 손놀림이 요구되는 생산직에 해당됩니다.

   자영업 프리랜서분이나 8시간을 꼬박 일하시는 분들에게는 창업 현실의 극복 방법이 뾰족하게 없습니다. 안타깝지만 해결 방법이 없으므로 많은 노력을 하셔야 하는 방법 말고는 없습니다. 저를 예로 들면, 시간을 쪼개고 쪼개서 글을 쓰고 공부를 하고 있습니다. 아무리 늦어도 아침 6시에는 일어납니다. 다행히도 이러한 업무들은 정신적 스트레스가 덜하고 기존의 컨설팅 업무와 다른 업무이므로 집중도가 상대적으로 높습니다. 세상에 노력 없이 진행되는 것은 없습니다. 로또도 당첨되려면 로또를 사야 합니다. 제가 다소 강하게 말씀드렸습니다만, 모쪼록 오해 없으셔야 하며 창업은 그렇게 어렵게 결정해야 한다는 것을 알아주셨으면 합니다.

Episode 1

경영 상담사례: 마스크팩 스타트업

경기도 화성에 위치한 사출기 제조 전문 기업의 대표님이 종래의 사업 이외에 마스크팩을 개발하여 납품하기를 희망하셨습니다. 본 사례의 대표님과 유사한 창업이 많아서 작성하게 되었으니, 화장품에 관심이 있으신 분들은 많은 도움이 되실 것입니다.

① **창업의 기회 포착**

경기도 화성에 위치한 플라스틱 용기 및 뚜껑 사출 전문 기업을 운영하고 계시는 대표님은 여성 대표님으로 사출기에 대한 해박한 지식과 경험을 보유했지만, 사출기라는 단어에서 보이듯 남자들이 주로 다루는 장비를 여성분이 다루기가 매우 어려워서 평상시 공장장의 횡포에 많은 어려움이 있었다고 하셨습니다. 그러던 찰나 일본 여행 중 발견한 벌크형 마스크팩을 보고 이것을 한국에서 창업하면 사업이 되겠다는 생각으로 시작하게 되었습니다. 화장품에 대한 전문적이 지식은 보유하지 않은 상태입니다.

② 창업 준비

대표님은 여성분으로서, 여성 창업 시 정부에서 지원하는 사업이 남성 창업자에 비하여 상대적으로 많은 것을 알고 계셨습니다. 이러한 정보를 바탕으로 경북 지역에 사업자등록을 하고 경북 지역 특정 학교에 사무실을 차림으로써 해당 학교에서 지원해 주는 사업을 받아 마스크팩 케이스 디자인과 카탈로그 제작이 진행되었습니다.

③ 멘토링 시작

마스크팩의 시장 내 진출을 위한 멘토링을 진행하였습니다. 멘토링을 진행하기에 앞서서 먼저 진단부터 진행했으며 결과를 약술하면 다음과 같습니다.

- 화장품 전문 지식 없음
- 마스크팩 샘플 보유하고 있지 않음
- 마스크팩 생산 시설 보유하고 있지 않음
- 실무 담당자 임시 배정

간단하게 작성하였지만, 앞서 언급한 카탈로그와 제품 포장 디자인 이외에 진행된 것이 없어 제품 개발부터 멘토링을 진행하였습니다.

④ 제품의 개발

패키지 디자인

제품 패키지 디자인에 관여하였습니다. 벌크형 마스크팩의 특성을 최대한 살리기 위해서 한 포장당 7일 사용을 위한 제품과 30일 사용을 위한 제품을 제안하였으며 30일 사용 제품을 선택하셨습니다. 30일 제품 출시 이후 7일 제품을 추가로 제작하고자 협의하였습니다.

제품 개발

사실상 제품이 없는 것과 마찬가지였습니다. 하지만 한국의 경우 화장품 창업하기 매우 유리한 조건의 기반 시설이 있어 화장품 사업에 진출을 하게 되면 기능적인 부분보다는 홍보 중심, 즉 브랜드 중심의 경영 방법이 필요합니다. 실제로 화장품 회사의 매입 분석을 하면 전체 매입 금액 중 60% 수준이 광고 선전비입니다.

이러한 배경을 바탕으로 다양한 기능성 화장품을 가지고 있는 마스크팩 전문 제조업체와 컨택하여 마스크팩을 납품받기로 하였습니다.

경쟁사와의 차별점

마스크팩의 특성상 경쟁사와의 차별성이 사실상 없습니다. 하지만 경쟁사와 차별성이 없는 경우 시장에 진입 시 포지셔닝이 불가능하기에 종래에 활용되는 미백, 주름 개선 등 기능을 기본으로 하고 추가적으로 피부 활력 증진도 추가하였습니다.

⑤ 제품 판매

제품 판매를 하기 앞서서 화장품을 온라인에 판매하기 위해서는 '화장품 책임 판매관리자' 자격을 가진 직원이 필요했습니다. 세부적인 요건을 확인하고 대표자가 직접 관리자 자격을 획득하였습니다.

유통라인 개척을 위해서 특별한 방법이 필요 없었습니다. 보통의 방법과 비슷하게 먼저 온라인에 판매채널을 오픈하고, 판매채널 오픈 후 중간 유통상을 모집하였습니다. 중간 유통상을 모집한 경로는 카카오톡 오픈채팅방을 사용하였습니다.

⑥ 시사점

본 기업은 새로운 제품을 개발하면서 어떠한 기술적 전문가도 그리고 해당 분야에 대한 지식과 직원도 없는 상태에서 브랜드 이름부터 만든 케이스입니다. 상당 부분 무모한 도전이었으며 매출이 일부 나왔지만 효과적인 매출이 아니었습니다. 우리가 창업을 하게 되면 해당 분야에 전문가적 지식을 확보한 상태에서 창업하는 것이 일반적이라고 생각했고 지금도 그렇습니다. 하지만 본 기업은 일단 창업부터 하고 그다음 무언가를 만들어 가는 과정을 선택하셨습니다. 본 기업이 이러한 무모한 결정을 하게 된 배경에는 Cash Cow 아이템, 즉 플라스틱 사출에서 지속적인 매출이 발생하였기에 가능했었습니다. 이러한 배경이 없는 상태시면 창업을 쉽게 안 하셨으면 합니다.

2장

성공적인 창업을 위해
남들도 다 하는 것들

1 사업자 등록이 제일 쉬웠어요

창업을 준비하시는 분들은 꼭 명심하셔야 합니다. 사업자등록증 만드는 것은 10분이면 됩니다. 하지만 우리는 사업자등록증이 꼭 필요할까요?

사업자등록을 하자마자 창업기업이 됩니다. 매출이 없더라도 창업기업입니다. 특히 기술 중심의 창업을 하시게 되면 창업기업과 예비창업기업과는 정부 지원 방향성이 많이 다릅니다. 그리고 사업자등록을 신청하면 매출이 발생을 하든 안 하든 의무적으로 세금신고를 해야 합니다. 또 4대 보험 등 다양하게 진행하셔야 합니다.

예비창업	창업
세금 신고 미대상	세금 신고 의무 대상
예비창업자 정부 지원	기창업자 정부 지원
4대 보험 직장 가입 등	4대 보험 의무 가입
세금계산서 발행 불가능	세금계산서 발행 가능

위에 정리한 것은 사업자의 일반적인 사항 중에서도 정말 일부만 작성한 것이고 이외에도 각종 의무신고 및 세무신고 등 진행해야 할 것이 많습니다.

그럼 사업자등록을 신청해야 할까요? 대표님들마다 생각이 달라서 합리적인 판단으로 진행하시면 되는데, 제가 생각하는 사업자등록증의 목적인 특히 초반 사업 진행 시 세금계산서의 발행, 업력의 축적, 이 두 가지가 목적입니다.

먼저 업력의 축적 부분에서, 우리가 업체로부터 물건을 살 때 가장 많이 보는 것이 매출액, 직원 수, 기술력(상품 수준), 업력 이렇게 봅니다. 매출액과 직원 수가 적더라도 업력이 오래되면 신뢰가 가게 됩니다. 우리가 동네에서도 물건을 살 때 오래 장사한 곳에 가서 물건을 사게 되며 생긴 지 얼마 안 된 곳에서는 물건을 잘 안 사게 됩니다. 물론 개점 초반에는 새로운 경험을 위해 방문하지만 이 새로운 경험에서 종래의 경험과 큰 차이가 없다면 기존에 있던 점포로 가게 됩니다.

다음으로 말씀드릴 것이 세금계산서 발행입니다. 간이과세자의 경우 세금계산서를 발행하지 않아도 되지만, 우리가 업체를 선택할 때 세금계산서 발행이 가능한지 불가능한지 역시 그 회사를 판단하는 큰 척도 중에 하나입니다. 이런 반면에 우리 대표님들 입장에서는 세금계산서가 발행이 되면 매출이 집계되므로 세율에 따라 세금을 내시게 됩니다. 그래서 최대한 간이 과세 또는 세금계산서 발행을 저지하려는 경향이 있습니다. 이런 차이를 잘 인지하셨다면 이제 사업자등록을 해야 하는지 안 해도 되는지는 대표님의 결정 사항입니다. 다음은 사업자등록을 하는 방법에 대해 알아보겠습니다. 보고 따라 하시면서 클릭만 하시면 됩니다.

먼저 홈택스에 들어가셔서 회원가입을 하셔야 합니다. 그리고 개인

공인인증서가 있어야 합니다.

홈텍스에 회원가입을 하시고 상단 메뉴바의 '신청/제출' 또는 우하단의 '사업자등록'을 선택하시면 접수 화면으로 넘어가게 됩니다.

사업자등록 화면에서 대표자의 인적사항을 입력하시고 상호명 등 세부적인 것을 입력하시면 매우 간단하게 등록이 완료됩니다.

등록을 하시면서 고민되시는 것들은 주로 사업장 소재지 입력 부분입니다. 현재 사업장 소재지를 입력하시면서 계약서의 내용을 일부 작성하시면 되는데 현재 거주하시는 집을 대상으로 하면 별도의 임대계약서를 등록하지 않아도 됩니다. 그리고 공인인증서로 로그인 하게 되면 몇 몇 사항들은 자동으로 입력이 됩니다. 전화, 팩스가 없으시면 입력을 안 하셔도 됩니다.

다음으로 업종 선택을 입력하시게 되는데, 실제로 영업하시는 목적에 맞게 입력하시면 됩니다. 주의 사항은 '주 업종'과 '부 업종'이 있습니다. 현재는 진행하시는 업을 중심으로 입력하시면 되고 나중에 매출에 따라 이 업종은 변경됩니다.

사업장 정보 입력은 부분은 개업일을 잘 선택하셔서 입력하시고 임대차 내역에서는 임대를 하셨으면 임대 내용을 기록하시고 임대차 계약서를 스캔해서 확보하셔야 합니다.

공동사업자가 있으시면 간단하게 입력하시면 됩니다.

사업자 유형 선택 부분에서는 처음 법인은 다른 방법으로 사업자등록을 하니 법인은 해당되지 않습니다. '일반', '간이'가 있습니다. 어떠한 것을 선택해도 좋습니다. 초반 매출이 적게 나온다면 '간이'를 선택하셔도 됩니다. '간이'의 말은 말 그대로 간이로 사업을 하는 것이라 세금계산서 발행이 아닌 '계산서' 발행이 됩니다.

선택 사항 입력 항목들을 천천히 입력합니다.

우편 자료를 받으실 주소를 입력하시고 '저장 후 다음'을 클릭하시면 창이 하나 보입니다.

해당 창은 필수로 첨부해야 하는 서류 목록이 나오는데 중요한 것은 JPG로 하셔야 합니다.

마지막으로 제출 서류를 확인하시고 신청서를 제출하시면 등록 완료가 되고 혹시 문제가 있으면 관할 세무서에서 연락이 옵니다. 안 온다면 2~3일 안에 사업자등록이 승인됩니다.

필수 입력에 필요한 자료가 있다고 하면 첨부해 주시고, 사업자등록 신청은 정말 클릭만 하시다 보면 됩니다. 너무 쉽습니다.

사업자등록증 신청했다가 세금 더 나오면 어떡하지?

세금 문제, 암담합니다. 그리고 어렵습니다. 사업자등록증을 만들면 아무래도 업력이 늘어나다 보니 일부 유리한 부분이 있을 수도 있지만, 여러 가지 복잡한 내용으로 특히 세금이 많이 나오면 어떻게 하지? 하는 고민, 우리 예비창업자분들의 마음 이해합니다. 저 역시 직장인 시절, 구체적으로 말씀드리면 법을 공부하기 이전에는 몰랐으니까 말입니다. 특히 결혼한 남성분의 경우 창업에 대해서 아내분과 이야기를 나누다 보면, '세금 더 나와. 하지 마'라는 말을 들어 보셨을 겁니다. 또는 본인 스스로 그렇게 생각하고 계실 수 있습니다.

역시 정답부터 말씀드리면, 우리나라 조세제도가 생각하시는 것처럼 어설프지 않습니다. 절대 현재 내고 계시는 것보다 더 나오지 않습니다. 하지만 사업마다 등록세를 내야 하는 경우가 있습니다. 대표적으로 온라인 판매를 하기 위해서는 통신판매업을 사업자등록증 소재지 지방정부에 내야 합니다. 1월 1일을 기준으로 등록세를 냅니다. (저의 경우 온라인 판매를 해 보겠다고 11월에 통신판매업 신고를 해서 세금 내고 1월에 다시 세금 내고 해서 3개월 만에 2번 냈습니다.) 이러한 취등록세를 포함한 필수로 내야 하는 세금을 제외하고는 절대 추가로 세금이 나오지 않습니다.

이야기를 시작하기에 앞서서 세금의 종류에 대해 크게 생각해 보겠습니다.

어떠한 사업을 하기 위한 각종 등록세, 취득세 등 이런 것들은 기본적으로 내셔야 사업이 가능하십니다. 간혹 취득세, 등록세 역시 수입이 발생하면 납부하시려는 분들이 계시는데 그런 생각이시라면 사업을 안 하시는 것이 우리나라 경제 건강에 좋습니다. 하지만 이런 분들을 제외하고 대부분의 간이과세자분들은 걱정 안 하셔도 좋습니다. 여기에서 우리가 간과하는 것이 부가세와 종합소득세입니다. 흔히들 착각하시는 것이 '현금거래'의 경우 부가세를 안 내기 때문에 더 좋은 거 아닌가? 생각하시는데 그렇다면 이 글과는 성격이 다르므로, 세금에 대해서 고민하실 필요가 없으신 분들, 특히 '탈세', 즉 불법적인 것에 고민하시는 게 더 바람직합니다. 다시 말씀드리면 불법적인 것을 제외하고 부가세는 기본적으로 내셔야 합니다. 우리 요식업의 경우 부가세를 포함해서 카드로 계산하시는데 사실 부가세를 받으셔야 하는 게 맞습니다. 아직 우리 국민 정서에 부가세를 별도로 내는 것이 썩 반갑지 않지만 부가세는 원래 내는 세금입니다.

소득이 없으면, 즉 매출이 없으면 세금을 내지 않습니다. 매출이 발생한다 하여도 발생한 매출이 100% 매입으로 잡히면 세금은 단 1원도 내지 않습니다. 하지만 소득이 있으면 세금을 냅니다. 그럼 여기서 확인해야 할 것이 일부 매출이 발생하고 나면, 조세 기준이 달라지는 거 아냐? 라고 생각하실 것인데, 자세한 것은 세무사와 협의하시고 제가 확답드릴 수 있는 것은 안 달라진다는 것입니다. 번 만큼 냅니다. 예를 들어 설명해 드립니다.

> (직장인 연봉 5,000만 원 − 사용한 비용) × 세율(세율에 따라 상이)
> = 납부해야 되는 세금

여기까지는 다 알고 계시는 것입니다. 직장인분들은 보통 12월 말에 소득공제를 신청합니다. 만약 여기에 Two Job 등으로 사업자 소득이 발생하셨다면 다음과 같습니다.

> 직장인 연봉 5,000만 원 − 사용한 비용(세율에 따라 상이)
> = 납부해야 되는 세금

회사에서 하시던 방법으로 하면 됩니다. 여기에 다음과 같이 추가됩니다.

> 사업자 매출의 부가세 − 매입한 매출의 부가세 = 납부해야 하는 부가세
> 사업자 매출 + 부가세 − 매입금액 + 매입금액의 부가세
> = 납부해야 하는 종합소득세

조금 어려우실 수도 있습니다. 하지만 개념을 한 번 이해하시면 초등학교 4학년 수준의 가감승제임을 이해하실 것입니다.

부가세에 대해서 간단하게 설명드렸습니다. 부가세와 부가적인 것을 설명드린 이유는, 우리가 고민할 것은 부가세가 아니라는 것입니다. 우리가 고민해야 할 것은 '종합소득세'입니다. 그리고 종합소득세를 많이 내신다면 이미 성공하신 것입니다.

정리하자면, 직장인이시면서 세금신고를 하신다면 총 3번의 신고를 해야 합니다. 부가세는 2번 내는 것이 아닙니다. 설명드리면, 먼저 내는 부가세는 말 그대로 부가세이고 5월에 내는 부가세는 부가세의 이중 과세가 아닙니다. 세금을 10만 원 받아서 매입 세금으로 8만 원을 내면 2만 원의 수익이 발생하니 이 수익에 대한 세금입니다.

조금 복잡하다 생각하실 수 있는데, 한 줄로 짧게 말씀드리면 절대 세금이 늘어나지 않습니다. 한 가지 더 말씀드리고 싶은 것은 부가세나 종합소득세 납부를 하시는 것은 일종의 자랑 비슷합니다. '나 세금 얼마 낸다.' 이 말은 내가 얼마나 돈을 많이 버는가, 즉 사회에 기여하는 바가 높다는 것을 의미합니다. 그러니 세금을 더 내는 것은 나에게 긍정적인 것이고 사회에 기여하는 바이니 우리 모두 세금 무서워 사업 못 하지 맙시다!

3. 사무실 구하기가 너무 어렵습니다

예비창업자분들이나 혼자서 창업을 하신 분들과 상담을 하다 보면 종종 경험하게 되는 것이 사무실이 없다는 것입니다.

사무실이 없다는 것을 조금 부끄럽게 생각하시는데, 이 글을 읽고 나면 이제 더 이상 부끄럽게 생각하지 않으셔도 될 것 같습니다.

먼저 우리가 사무실이 필요한 이유를 생각해 보겠습니다. 사업장의 소재지 등록을 위해 필요합니다. 그리고 회의할 공간도 필요하고, 우편물 받을 공간도 필요하고 무엇보다도 작업을 할 작업 공간도 필요합니다. 이 모든 것이 가능한 곳을 그냥 사무실이라고 하며, 이런 사무실을 구하기 위해 보증금과 월세를 내고 있습니다. 당연하겠지만 인터넷도 돼야 하고 물도 마실 수 있어야 하고 전화도 내 마음대로 해야 하고, 쉬고 싶을 땐 영화도 좀 보고 여러 가지 일을 할 수 있어야 합니다.

우리는 이러한 사무실 필요성에 대해서 조금 분할해서 생각해 보겠습니다.

1) 사업장 소재지로서의 목적

사업장 소재지가 있어야 사업자등록증이 발급됩니다. 하지만 사업장이 사무실은 아닙니다. 무슨 소리인가? 하고 생각하실 수 있는데 생각해 보면 당연합니다. 단어가 다릅니다. '사무실', '사업장'. 흔히들 착각하시는 것이고, 물론 저도 착각을 했습니다. 사무실과 사업장은 다릅니다. 우리 예비창업자분이나 초기 창업자분들은 해당 업종이 법적인 사항 중 물리적인 것들이 있다면 당연하게도 사업장을 준비하셔야 합니다. 예를 들면 요식업이라든가 아니면 서비스 제공을 위한 시설이라든가 이런 곳은 반드시 있어야 합니다. 너무 당연한 이야기입니다. 그런 반면에 지식서비스를 한다든가 아니면 어플리케이션을 제작한다든가 등 노트북 하나만 있으면 언제든 사업이 가능한 또는 사업을 하면서 당장은 크게 사업장이 필요 없으신 분들은 현재 거주하시는 집을 사업장 소재지로 하시면 됩니다. 굳이 비싸게 사무실을 얻으실 필요는 없습니다.

2) 작업을 할 수 있는 작업 공간

작업 공간은 절대적으로 필요합니다. 그리고 작업 공간을 빌리는 것은 비용이 발생합니다. 먼저 단순 사무실이 필요하신 경우는 생각보다 작업 공간 확보가 어렵지 않습니다.

가까운 창업진흥센터, 테크노파크 본관동, 시청, 창조경제혁신센터 등 정부에서 운영하는 중소기업을 위한 관공서는 100% 작업 공간이 있습니다. 우리가 작업을 하면서 꼭 외부인이 출입을 하면 안 되는 그런 공간에서 해야 할 필요는 없습니다. 약간의 백색소음은 오히려 집중력을 올립니다. 그래서 우리가 커피숍에서 책을 읽고 작업을 하고 공부를 합니다. 그리고 우리는 언제나 와이파이가 터져서 인터넷이 돼야 하고 역시 노트북 전원이 필요하며 또 전화도 언제나 내 마음대로 큰 소리로 '네, 사장님' 하고 받아야 합니다. 여기에 한 가지 더 추가하자면 프린트까지 된다면 더욱 좋을 것입니다.

  이 모든 것이 가능한 곳이 위에 말씀드린 창업진흥센터나 테크노파크 등이 해당됩니다. 경기도를 예로 들면, 경기도 경제과학진흥원 본관에 가면 1층에 파티션이 쳐져 있는 개인 작업 공간이 많이 있습니다. 또 회의를 할 수 있는 외부와 차단된 회의실도 있으며 화이트보드 역시 빌려줍니다. 각 지방별 창조경제혁신센터를 방문하시면 자유롭게 일을 할 수 있는 공간이 있으며 커피도 줍니다. 이러한 시설은 대부분 작업할 공간이 충분합니다. 그러니 고민하지 마시고 한번 가 보십시오.

  조금 사업이 커져서 전용 사용이 필요한 사무실이 필요하시면 사무실을 얻게 되시는데 이때 공유 오피스라던가 공유 사업장을 선택하시는 경우가 매우 많습니다. 하지만 이러한 공유 사업장 역시 정부에서 지원을 많이 해 주고 있습니다. 예를 들어 '창업존 입주 지원' 사업이 있습니다. 보통 창업 공간이라고 하며 이 창업 공간은 지자체별로 100% 있다고 해도 거짓말이 아닙니다. 또 지방정부 이외에 중앙정부 산하기관들도 다 있습니다. 창업존이 없는 정부기관 및 공기업은 없다고 생각하셔도 됩니다. 그러니 어느 정도 사업이 구체화되고 일정 부분 결과가 나오셨다면 이러한 정부임차의 창업 공간에 입주하시는 것도 매우 좋습니다.

  그런데 이런 정보는 어디서 구하는지 도무지 찾을 길이 없습니다. 가장 우선으로 확인하셔야 할 것이 '창조경제혁신센터'입니다. 창조경제혁신센터는 창업센터 운영 이외에 다양한 스타트업을 위한 시설을 확충 지원하고 있습니다. 다음으로 산업진흥원이 있습니다. 산업진흥원은 지방정부별로 있는 곳과 없는 곳이 있습니다. 만약 산업진흥원이 없다면 각 지방 일자리정책과가 있습니다. 해당 지자체의 일자리정책과에 전화하셔서 이런저런 설명을 하시고 지원사업을 소개해 달라고 하면 친절하게 소개해 드립니다. 절대 부담 갖지 마시고 전화해 보십시오.

4 기업부설연구소 설립

우리가 기업을 운영하게 되면 보통 진행하게 되는 것이 기업부설연구소입니다. 보통이라기보다는 의무적으로 해야 하지 않나 생각합니다. 이런 기업부설연구소 설치에 대해서 우리 창업기업들이 상당 부분 착각하고 계시는 것이 있어서 기업부설연구소 설립의 실체를 말씀드립니다.

1) 설치 목적

너무나도 당연하게 설치 목적은 연구를 전담으로 하는 연구부서를 만들기 위함입니다. 그럼 여기서 흔히들 착각하시는 것이 '우리는 연구만 할 수 없고 생산도 해야 합니다'라는 것입니다. 제가 말씀드리고 싶은 것이 바로 생산의 개념입니다.

연구직 계열의 분이 단순생산을 하시거나 아니면 개발과 상관없는 다른 업무를 주로 하신다면 기업부설연구소의 설립 취지와 거리가 있습니다. 하지만 제가 만나 본 기업은 대부분 보통의 경우 실제 연구를 하고 계시면서 그 연구가 수익사업과 바로 연결되기에 '다른 업무로 한다'라고 착각을 하십니다. 구체적인 예를 들어 보면 다음과 같습니다.

> A 기업의 기업부설연구소 소속의 홍승민 과장님. 화장품의 레시피도 만들지만 화장품 제조 납품을 위해 고객사 영업도 다니고, 납품처 관리도 하고 있습니다.

홍승민 과장은 연구직일까요, 아닐까요? 아마도 주로 영업 중심의 일을 하시면서 고객사 주문이 있을 때 새로운 제품 레시피를 만들고 제조를 위한 자재관리 때문에 납품처도 방문하고 그럴 것입니다. 제 기준에는 연구직입니다. 이유는 실제 고객사로부터 고객 수요를 발굴하고 고객사 맞춤식 제품을 설계하고 제조하기 때문입니다. 만약 여기에 홍승민 과장이 직접 생산해서 납품까지 한다 해도 연구직입니다. 실제 고객 리서치와 그들의 니즈를 충족시키는 제품을 만들었기 때문이죠. 그럼 '우리 회사 대부분의 사람이 연구직인데?'라는 생각이 드실 수도 있습니다. 저의 답변은 맞습니다. 다만 연구직이라고 명명하시려면 그 지원을 연구개발직에 보직임용하셔야 합니다. 연구 개발에 관련이 있는 경력자 또는 자격부여자여야 하는 것입니다. 자격부여자를 '연구전담요원'이라고 하며 연구전담요원의 자격은 설치 방법에서 설명드리겠습니다.

그럼 추가적인 목적이 무엇이 있을까요? 기업부설연구소의 목적은 기업 내 독립된 연구부서를 설립하여 육성하고 연구개발활동에 따른 지원 혜택을 주기 위함입니다. 대표적인 혜택이 세금 감면과 기술개발과제 신청 시 가점입니다.

세금공제, 조세특례제한법에 의해서 다양하게 세금 혜택이 있습니다. 직원들 인건비 나가는 부분에서도 세금 지원이 있고 물건을 수입할 때

부과하는 관세도 혜택을 받습니다. 구체적인 기준은 다음과 같습니다.

공제 세액	총액 발생기준: 당해 연도 발생액 × 25% • 최초로 중소기업에 해당하지 아니하게 된 과세 연도의 개시일부터 3년 이내에 끝나는 과세 연도까지 15% • 3년 이후부터 2년 이내에 끝나는 과세 연도까지 10% 증가 발생기준: (당해 연도 발생액 − 직전 과세 연도 발생액) × 50%
관세	지원 대상: 기업부설연구소 및 연구개발전담부서, 산업기술연구조합 감면대상물품 • 매년 대상품목 조정에 의해서 기획재정부령으로 고시된 물품(관세법 시행규칙 [별표 1]) 및 물품을 수리하기 위한 목적으로 수입하는 부분품 • 시약 및 견본품 • 연구·개발 대상물품을 제조 또는 수리하기 위하여 사용하는 부분품 및 원재료(고시 품목의 유효 기간은 당해 연도 6, 7월경부터 차년도 개정 시까지)

복잡하시죠? 저도 복잡합니다. 하지만 쉽게 생각해서 R&D에 발생하는 비용에 대해서 세금공제 대상이라는 것을 인지하시고 자세한 것은 세무사와 상담하시는 것을 추천드립니다. 두 번째 큰 혜택이 바로 기술개발과제 신청 시 가점입니다. 초기 창업 기업에는 기업부설연구소가 없는 경우가 종종 있으므로 제한 사항이 별로 없는데, 어떠한 과제들은 기업부설연구소가 의무적으로 있어야 하는 과제들도 있습니다. 제가 '어떠한'이라고 하는 것은 매 과제마다 조건이 달라서 말씀드리는 것이고, 정부 지원금이 1억 이상 된다 하시면 '기업부설연구소가 원래 필요하구나' 하고 인지하시는 것이 좋습니다. (물론 과제 세부 요건을 읽어 보셔야 합니다.)

2) 기업부설연구소 종류

기업부설연구소는 크게 두 종류가 있습니다. '기업부설연구소'와 '연구전담부서' 이 두 가지의 차이는 기업의 규모에 있습니다.

유형			연구전담요원 수
연구소	대기업	대기업부설연구소	10명 이상
	중견기업	중견기업부설연구소	7명 이상
	중소기업	소기업부설연구소	3명 이상 단, 창업일로부터 3년까지는 2명
		중기업부설연구소	5명 이상
		국외에 있는 기업연구소 (해외연구소)	5명 이상
		연구원창업 중소기업부설연구소 벤처기업부설연구소	2명 이상
전담부서	규모에 관계없이 동등 적용		1명 이상

기업부설연구소로 할지 아니면 전담부서로 할지 이런 부분은 기업부설연구소 홈페이지 들어가시면 확인 가능하시고, 제가 말씀드리고 싶은 것은 '우리는 디자인만 하는 회사인데 연구전담부서 신청이 될까?'입니다. 네, 가능합니다. 콘텐츠 전문기업도 됩니다.

디자인만 하는 기업도 보통의 방법으로 기업부설연구소를 설치하시면 되고 콘텐츠 전문기업의 경우 한국콘텐츠진흥원에서 하는 '기업부설창작연구소'라는 제도가 있습니다. 다만 인적 요건을 등록하려면 한국

콘텐츠진흥원의 가이드 안에 들어가는 인적 요원이여야 합니다.

3) 연구소의 물리적 설치 방법

설치 방법은 매우 간단합니다. 위의 인적 요건에 해당이 된다면 독립된 공간만 있으면 됩니다. 이 독립된 공간의 요건은 어려운 것이 아닙니다.

- 사방이 다른 부서와 구분될 수 있도록 벽면을 고정된 벽체로 구분하고 별도의 출입문을 갖춘 독립 공간을 확보해야 함
- 면적은 객관적으로 볼 때 해당 연구소에서 연구 기자재를 구비하고 연구원이 관련 분야의 연구개발을 수행하는 데 적절한 크기를 확보해야 함
- 다음의 경우에 한하여, 연구소/전담부서가 면적 50㎡ 이하인 경우 연구 공간을 별도의 출입문을 갖추지 않고 다른 부서와 칸막이 등으로 구분하여 운영할 수 있음(연구소/전담부서 현판을 칸막이에 부착)
  - 과학기술 분야 중기업, 소기업, 연구원창업 중소기업, 벤처기업 연구소/전담부서
  - 지식 기반 서비스 분야 중기업, 소기업, 연구원 창업 중소기업, 벤처기업 연구소
  - 지식 기반 서비스 분야 대기업, 중견기업, 중기업, 소기업, 연구원창업 중소기업, 벤처기업 전담부서(정보서비스 또는 소프트웨어 개발 공급 업종만 해당)

여기에 추가되는 것이 연구 기자재입니다. 어떤 조직은 컴퓨터만 있어도 되는 조직이 있으니 특별한 기자재를 준비하실 필요는 없습니다.

4) 관리 시 필요 사항

2020년도부터, 사실 예전부터 그랬지만, 조금 더 기준이 강화 되는 것이 바로 진짜 연구를 하느냐 안 하느냐입니다. 앞서 말씀드린 것처럼 '우리는 연구를 하지 않아요. 하지만 연구부서는 유지하고 싶어요'라고

하시는 기업들은 꼭 읽어 주셨으면 합니다. 먼저 말씀드리고자 하는 것은, 연구하시는 것이 맞습니다. 그러니 걱정하지 마시고 그럼 연구한다는 것을 증명해야 하는데, 그 증명하는 방법이 바로 '연구 노트'입니다. 연구 노트는 온라인과 오프라인 모두 만들 수 있지만, 제가 추천드리는 것은 오프라인 '연구 노트'입니다. 오프라인 연구 노트를 추천드리는 이유는 너무 단순하게도 그냥 주간업무일지 또는 일간업무일지 작성하시듯 사용하시면 되기 때문입니다. 그리고 그것을 부서장이 승인하면 됩니다. 연구 노트는 제 블로그나 연구 노트 통합관리 사이트에서 다운받아 제본하거나 복사기로 인쇄하셔서 사용하시면 됩니다.

5) 사업계획서

연구전담 부서를 설치하시면 당연하게도 연구를 하셔야 합니다. 연구를 하기 위한 연구 사업계획서를 작성하셔야 합니다. 사업계획서 작성의 어려움이 있으시면 외부 지원을 받아도 되지만, 개인적으로는 굳이 이것을 외주 지원을 받아야 하나? 하는 생각이 있습니다. 현재 하시는 업무를 조금 양식에 맞게 작성하시거나 새로이 작성하시면 됩니다. 초기 창업기업의 경우 자사의 사업계획서를 바로 작성하시면 되고, 일부 사업화를 구현하여 R&D 센터가 필요하신 기업들은 개발하고자 하시는 제품에 대해 사업계획서를 작성하시면 됩니다.

기업부설연구소 설립이 완료가 되었으면 그다음 진행해야 할 것들은 벤처기업 인증, 이노비즈 인증이 있습니다.

벤처기업 인증과 이노비즈 인증을 해야 하는 목적은 법인세 감면 효과도 있지만, 기업에서 어떠한 정부 지원사업을 신청할 때 가점 사항에 해당됩니다. 이러한 이유로 기업부설연구소를 설립하고 특허 확보가 마무리되면 바로 벤처기업 인증과 이노비즈 인증을 진행하시는 것을 추천드립니다.

5 홍보자료 만들기

정말 어설픈 지식을 가지고 계신 분들이 마케팅과 홍보를 혼동하십니다. 심지어 광고 문구를 정하는 것이 마케팅이라고 이야기하시는 분도 상당수이시며 SNS 등을 통해 홍보하는 TIP을 무기로 하면서 마케팅 전문가라고 합니다. 참 암담합니다. 저는 그런 가짜 마케팅 전문가 사려졌으면 하는 생각을 하면서 홍보자료 만드는 방법에 대해 말씀드려 봅니다. 홍보자료 만드는 컨셉은 마케팅의 세부 항목 중 하나이지만 결코 쉽지 않습니다. 아래 내용을 잘 읽고 따라 오시면 대표님도 모르게 고객이 늘어나는 것을 느끼실 것입니다.

다음 예시를 보시면 딱 3초만 보고 답변해 보시겠습니다.

비슷하지만 다른 전단지입니다. 좌측 또는 우측, 어느 전단지를 보시고 어떤 가게에서 배달을 시키실 것인가요? 개인 호불호가 있지만 사실 굉장히 미미한 것이고 대부분 오른쪽 전단지를 선호하실 것입니다. 개인 호불호에 대해 이런 말씀을 하시는 분들도 계십니다. '양장피 같은 상대적으로 비싸지 않은 요리를 시켜 먹고 싶은 고객도 사로잡아야 하지 않나요? 그러기 위해서는 우리 점포에서 만드는 모든 요리를 제공하는 것이 좋다고 생각하며 우리 요리를 고객이 할인해서 드실 수 있도록 세트 메뉴 중심으로 전단을 제작하는 게 좋지 않을까요?' 우리 대표님의 생각 잘 인지하였습니다. 하지만 대표님의 의견이 잘못된 것은 아니고 하루에 판매되는 양장피의 양은 얼마나 될까요? 동네마다 다르겠지만 많이 유명한 중국요리집도 하루 30회 이상 양장피를 판매할 수 있을까요? 저는 못 판다고 봅니다. 양장피 30그릇보다 자장면 100그릇 판매하고 싶고 깐풍기 30그릇보다는 짬뽕 100그릇 판매하고 싶습니다. 그럼 우리가 생각해야 할 것이 어떤 점포가 장사 잘되는 곳일까요? 어떤 분들은 이런 것을 '선택과 집중'이라고 하시는데 물론 틀린 말은 아니지만 객관적으로 검증되지 않은 이상한 표현을 사용하시면서 전문가인 척하지 않았으면 합니다. 제가 이렇게 공격적인 단어를 사용하는 배경에는 우리나라에 광고 전문가는 진짜 몇 분 안 계십니다. 대부분의 광고 하시는 분들 중에는 광고학개론도 읽으시지 않은 분들이 태반입니다. 하지만 자신들이 광고를 넘어서는 마케팅 전문가라 이야기하며 우리 대표님들을 현혹하니 제가 답답해서 이야기를 하는 것입니다. 저는 저의 이런 생각을 단언합니다.

다시 홍보로 들어와서, 홍보를 하는 목적을 생각해 보겠습니다. 홍보를 하게 되는 이유는 당연하게도 소비자에 자사의 제품을 소개하여 구매로 이어지게 하기 위함입니다. 그럼 우리는 좀 더 고민해야 할 것이 있습니다. 어떤 소비자가 우리의 제품을 선택할 것인가입니다. 우리는 소비자의 행동분석을 정밀하게 연구할 것이 아니므로 소비자에 대해서 이야기하기보다 우리는 소비자의 행동을 조금 알아보고 홍보 자료 만드는 법을 연구해야겠습니다. 그럼 소비자들이 무언가를 보고 판단하기 위한 기준은 무엇일까요? 가장 기본적으로 고관여와 저관여가 있습니다.

고관여 제품	상당히 많은 고민을 하고 정해야 하는 제품들
	텔레비전, 냉장고, 자동차, 노트북, 핸드백, 구두 등
저관여 제품	별도의 고민 없이 정하는 제품들
	껌, 라면, 등

※ 창업하시는 제품이 기업을 대상으로 하는 제품의 경우는 별로 해당 사항이 없음을 미리 말씀드립니다.

고관여와 저관여의 개념에 대해서 알아보았습니다. 고관여 제품을 생산하시는 스타트업의 경우, 사용자가 매우 많은 고민을 하고 제품을 정하기 때문에 정보 중심의 홍보가 돼야 합니다. 홈쇼핑 채널을 보면 종종 텔레비전 광고를 보게 되는데 주로 나오는 것은 화질이 좋다, 대형화면이다, 인터넷이 잘 된다 등 제품의 사양 중심의 광고를 하게 됩니다. 저관여 제품을 생산하시는 스타트업의 경우 성능 중심보다는 심미적 느낌의 제품 홍보를 해야 합니다. 예를 들면 '맑고 투명한 칠성사이다'가 있겠습니다. 이러한 심미적 느낌의 제품 홍보 역시 쉽게 접근할 수 있습니다. 그럼 우리는 어떤 식으로 홍보를 준비해야 할까요? 고민 없는 방법은 가장 가성비 있게 홍보하는 것입니다. 그럼 가성비 있게 홍보를 하려면 어떻게 해야 할까요? 바로 사용자가 소비자에게 알리고 싶은 것을 중심으로 홍보를 해야 합니다. 이러한 논리는 말은 쉽습니다. 하지만 일부 홍보 전문가라고 강의까지 하시는 분들이 이러한 논리도 제대로 모르시는 경우가 매우 빈번하게 있습니다. 이 글을 읽으시는 여러분들은 최소한 고관여, 저관여에 대한 개념을 알고 시작하시는 것입니다. 소비자에게 알리고 싶은 것을 알리기 위해서는 다음에 보여드릴 소비자의 정보 인지 순서를 확인하시면 도움이 됩니다.

주의 – 흥미 – 욕구 – 기억 – 구매

제품에 대해 소비자가 주의를 기울이면 제품에 대해서 흥미를 느끼고 이러한 흥미가 긍정적이라면 제품 구입에 대한 욕구가 발생되고 당장 구매를 안 한다면 기억을 하게 되고 기억을 했다가 구매를 실행하게 됩니다. 고관여의 경우 위의 과정이 복잡하고 오래 걸리는 것이고 저관여라면 특정 단계를 건너뛰기도 합니다. 다소 어렵지만 숙독, 다독을 하시어 본 장만 확실하게 기억하시면 여러분은 광고 전문가가 되니, 좀 더 깊게 알아보겠습니다.

저관여 제품의 대표적인 구매 패턴은 습관성 구매와 다양성을 추구하는 욕구가 있습니다. 습관적 구매는 해당 제품을 고민하지 않고 구입을 하게 되는 것입니다. 예를 들어 앞서 예를 들었던 '칠성사이다'가 해당됩니다. 청량한 탄산수에 대한 욕구가 생기면 바로 칠성사이다를 구입합니다. 다양성 추구의 경우 칠성사이다를 선택 안 하고 스프라이트를 선택하는 것입니다.

그럼 우리는 어떤 식으로 광고를 해야 할까요? 수많은 경쟁제품에서 살아남기 위해서는 가장 눈에 띄는 방법을 선택해야 합니다. 너무 당연합니다. 그럼 어떻게 눈에 띄게 홍보를 해야 할까요? 이제 본 글의 앞부분에 예시를 들었던 중국집 홍보 전단이 있습니다. 내가 알리고자 하는 것을 아주 크게 눈에 띄게 전달하는 것이 가장 확실합니다.

이제 홍보를 기획하시면서, 이상하면서 잘 알아듣지도 못하는 용어를 남발하는 광고 기획사는 피해 가실 수 있습니다.

6. 블로그 성공하는 법

블로그를 통해 홍보를 생각하시는 대표님들 많으실 것입니다. 블로그 이외에도 페이스북이나 인스타그램 그리고 2019년 이후로 본격화되고 있는 카카오 디스플레이 광고도 있습니다. 보통의 광고는 유료 광고이고 블로그에 글을 작성하는 것은 무료 광고라고 생각하실 수 있습니다. 어떻게 보면 맞는 말이기도 한 이 무료 광고를 하기 앞서서 블로그를 성공하는 방법에 대해서 알아보겠습니다.

당연하겠지만, 블로그에 대한 소비자의 태도부터 파악을 해야 합니다. 블로그의 특징은 페이스북이나 인스타그램에 비하여 상대적으로 전문적인 태도를 보여 줍니다. 블로그보다 더 전문적인 것은 네이버의 '브런치'와 같은 작성자의 전문성을 나타내 주는 것이 있기는 하지만 초기 창업자 대표님들은 이런 글쓰기의 전문가가 아니다 보니 고도의 전문성을 제공하는 서비스 이외의 것은 블로그가 대표적입니다.

제가 말씀드린 것은 상식에 가깝습니다. 그렇다면 여기에서 우리가 판단해야 하는 것은 홍보자료 작성 방법에서 말씀드렸던 고관여와 저관여입니다. 사족을 달아 다시 설명드리면 단어 자체에서 오는 고관여는 주로 자동차와 같은 고가의 상품에 해당되는 것이고 저관여는 식료품과 같이 쉽게 구입을 하는 제품들을 말합니다. 또 고관여는 정보 탐색을 정교하게 하며 저관여는 정보 탐색을 거의 하지 않습니다.

 그렇다면 블로그는 상대적으로 전문적인 정보를 제공하는 방법이라고 말씀드렸습니다. 그럼 우리는 블로그에 글을 작성할 때 이러한 고관여 고객을 대상으로 해야 할까요? 당연하게도 정답은 아닙니다.

 소비자들이 저관여 제품을 원한다 하여도 당연하게도 블로그에 게시글을 작성해야 하는 게 바람직합니다. 하지만 너무 저관여 상품이라면 블로그 게시글이 효과적이지 않을 수도 있습니다. 이런 이유로 동영상을 이용해서 소비자에 제품을 설명하는 것도 나쁘지 않습니다. 다행스럽게도 블로그는 글과 동영상 모두 등록할 수 있습니다.

 네이버의 경우 동영상을 사용자에 노출시킬 때 유튜브는 노출시키지 않습니다. 더불어 일부 아이템들은 블로그를 노출시키고 노출되는 블로그가 동영상이 포함되어 있으면 더 노출이 잘됩니다.
 이른바 C-Rank라는 개념으로 이것만 전문적으로 컨설팅하는 분도 많이 계십니다. 사실 C-Rank 컨설턴트분에게는 죄송한 이야기지만 이런 분도 전문가라고 말해야 하나? 싶은 생각이 듭니다. 이 개념은 전혀 전문적이지도 않고 또한 일반인들에게 노출이 안 되는 네이버 고유의 기술이고 더불어 블로그 작성이 어려우면 그냥 외주 주면 되지, 말도 안 되는 C-Rank 분석이니 어쩌니 하시면 조금 많이 곤란합니다. 왜 곤란하냐 하면 너무 쉽습니다. 그래서 그 비법 아닌 비법을 말씀드리면 규칙은 다음과 같습니다.

> 1주차: 최대 14개의 포스팅(하루 2개) / 메인 주제 중심
> 2주차: 최대 28개 포스팅(하루 2개), 블로그 지수 상승을 위한 서이 진행 / 메인 주제 중심
> 3주차: 최대 42개 포스팅(하루 2개) / 3개 중 하나는 일상 이야기
> 4주차: 56개 포스팅 / 키워드 검색해서 필터링 확인
> 5주차: 77개 포스팅 / 블로그 유입 수 분석, 포스팅 숫자 3개로 증가
> 6주차: 100개 포스팅, 1~4주차 통합적 사고
> 7주차: 지속적인 포스팅 및 6주차 결과에 따른 판단

7주 동안 꾸준히 작업하시면 단 2달 만에 상위 노출이 가능합니다. 믿기지 않으실 것 같은데, 직접 해 보시면 됩니다. 하지만 7주간 매일 꾸준히 2개씩 글 쓰는 게 어려워서 그럴 것입니다. 그리고 키워드 분석도 해야 해서 다소 어려우실 수 있습니다. 하지만 이런 다소 어려운 것은 개인의 노력에 의해서 해결 가능합니다.

그럼 개인의 노력을 전제로 세부적인 것을 설명드리면 가장 기본적인 요건은 아래와 같습니다.

> ① 제목은 곧 노출 키워드
> ② 작성글의 수는 1,000자 이상 3,000자 미만
> ③ 이미지는 최소 1개 이상 3개 미만
> ④ 동영상이 들어가면 베스트 오브 베스트
> ⑤ 제목이 본문에 3~4회 노출

① 제목은 곧 노출 키워드

네이버를 포함해서 대분의 검색 엔진들이 작성글의 첫 번째 키워드를 봅니다. 예를 들어서 '단기 아르바이트 소개 전문기업 홍승민 경영컨설팅'이 제목으로 들어가면 '단기', '아르바이트', '단기 아르바이트', '단기 아르바이트 소개', '홍승민 경영컨설팅' 이런 식으로 노출이 되는 것입니다. 이해되시나요?

② 작성글 수는 1,000자 이상 3,000자 미만

블로그가 게시글이 많으면 지겨워합니다. 실제로 그렇지 않나요? 블로그에 들어갔는데 게시글이 잔뜩 텍스트만 있으면 읽지 않으시고 나가버리시죠? 또 너무 짧아도 나가시죠? 1,000~3,000자에 대한 정보는 무슨 특이한 규칙이 아니고 실제 사용자들이 그렇게 반응합니다.

③ 이미지는 1개 이상 3개 미만

이미지가 어려운데, 그냥 중간에 하나둘 이미지를 넣으셔야 합니다. 이유는 단순합니다. 글만 있으면 지겨우니까 그렇습니다. 또 이미지가 3개 이상 되면 실제 전문적이지 않다고 판단하십니다. 그렇지요?

④ 동영상이 들어가면 베스트 오브 베스트

동영상이 들어가면, 네이버는 동영상을 따로 관리합니다. 그래서 넣는 것입니다. 노출을 올리기 위해서 집어넣습니다. 하지만 동영상이 없어도 좋습니다.

⑤ **제목이 본문에 3~4회 노출**

만약 제목과 다른 내용이 본문에 있다면, 해당 게시글을 선택한 사용자를 기만하게 됩니다. 그래서 게시글을 분석하는 로봇이 관련된 내용이 있나 없나 분석할 수 있게 도와주는 것이 바로 제목의 내용을 게시글에 3~4회 노출시켜 주는 것입니다.

다음으로 설명드릴 것은 키워드 전략입니다. 저관여의 경우 이 부분이 어렵습니다. 어렵다기보다는 노출이 쉽지 않습니다. 당연하겠지만 너도나도 해당 키워드를 쓰니 상대적으로 내 게시글이 노출되기 어려운 것입니다.

그래서 제가 제안드리는 전략은 다른 사람들이 주로 사용하는 단어 빼고 다른 단어를 모두 선점하는 것입니다.

예를 들어서 '단기 아르바이트 소개' 서비스를 제공하신다면 '단기', '단기 아르바이트', '아르바이트' 등은 대부분의 기업에서 사용하는 단어입니다. 그렇다고 우리가 사용하지 말자는 것은 아니고 후순위로 보자는 것입니다.

'시급알바', '초단기 알바', '당일알바' 등과 같은 단어는 앞서 언급된 단어보다 상대적으로 노출이 되지 않았을 것입니다. 그래서 노출이 덜 되는 단어들을 중심으로 글을 작성하면 그 단어들을 우리가 선점하게 되는 것입니다. 그럼 여기서 궁금한 것이 '키워드 분석은 어떻게 하지?'인데 당연하게도 '네이버 광고관리 시스템'에서 해야 하는 것이고 이 시스템을 활용하는 방법은 유튜브를 보시면 됩니다. 딱 10분만 투자하면 사용법을 익힐 수 있습니다. 어렵지 않습니다.

이 정도까지 읽으셨으면 이런 생각이 드실 수 있습니다. '글을 쓰는 당사자께서는 상위 노출이 되는가요?' 저의 답변은, 네, 그렇습니다. 다음 질문은 '사업이 좀 더 번창하셨는지요?' 저의 답변은, 네, 그렇습니다.

네이버를 포함해서 대부분의 포털사이트가 자신의 제품을 홍보하기 위해서 키워드 장사를 합니다. 블로그 역시 키워드 장사를 하기 위해서 활용됩니다. 그러기에 특정 키워드는 비쌀 수 있습니다. 비용을 들인다면 상위노출이 매우 용이해집니다. 저의 경우 비용을 들이기 전에 상위 노출한 키워드는 주로 특수한 키워드입니다. 특수한 키워드라 말씀드리는 것은 일부 키워드는 이미 비용을 지불하는 사람들에 의해서 선점되었다는 것입니다. 그럼 특수 키워드는 사용자들이 상대적으로 검색을 안 하는 단어입니다. 그렇다면 다시 생각 드시는 것이 '사람들이 잘 사용하지 않는 키워드를 확보한다 하여도 사람들이 검색을 안 하니 노출이 적겠구나. 그럼 할 필요가 있나?'입니다. 이 부분은 일부는 맞고 일부는 맞지 않습니다. 키워드 장사를 하는 입장에서 잘 팔리는 키워드를 무료로 제공한다는 건 말도 안 됩니다. 그래서 유료 키워드보다 상대적으로 노출이 덜 됩니다. 하지만 이 덜 되는 키워드를 다수 확보한다면? 노출 빈도율은 낮을지언정 노출 횟수 자체는 증가합니다. 그리고 가장 중요한 단일 주제로 2달가량 매일 글을 올리면, 자연스럽게 콘텐츠가 많아지고 방문자가 많아집니다.

그럼 블로그 게시글 작성 방법과 노하우 아닌 노하우를 말씀드렸습니다. 하지만 우리가 블로그를 성공하기 어려운 이유가 뭘까요? 7주간 게시글을 작성하는 게 어려운 것입니다. 실제로 작성하기 어렵습니다. 우리는 모두 작가가 아니어서 어려운 것입니다. 그럼 7주간 어떻게 하면 꾸준하게 글을 올릴까요? 제가 제안드리는 방법은 글을 미리 써 두자입니다. 저는 실제로 그렇게 하고 있습니다. 작성하고자 하는 주제를 중심으로 글을 써내려 갑니다. 그렇게 페이지 수가 50페이지 정도 넘어가면 그때부터 블로그에 글을 올리기 시작합니다. 이 방법을 추천하는 이유가 우리가 글을 쓰면서 가장 어려운 부분이 어떤 주제로 어떤 글을 작성하느냐인데 이러한 고민을 매일매일 하는 것보다 처음에 깊고 오래 고민을 하고 어느 정도 작성을 하고 나면 나중에는 고민을 덜 하게 되며 이미 정해진 주제로 일부 글이 진행되었기에, 다음 글도 자연스럽게 작성됩니다.

마지막으로 말씀드리고 싶은 것은, 블로그는 왕도가 없습니다. 꾸준하게 게시글을 작성해야 합니다. 최소 7주는 진행하셔야 합니다.

Episode 2

경영 상담사례: 체외진단키트 전문 제조기업

경기도 군포에 위치한 체외진단 전문 제조기업으로 첨단기술 중심의 기술집약적 스타트업입니다.

① 창업의 기회 포착

바이오센서 관련 박사학위를 취득한 박사급 엔지니어 4명, 카이스트 및 삼성전자 출신의 소프트 엔지니어 3명, 현재 박사과정을 진행하고 있는 엔지니어 2명 등 고학력, 첨단기술을 중심으로 하는 스타트업으로 TIPS에 선정된 우수한 기업입니다. 이미 기술성은 TIPS 선정으로 확인이 되었으며 창업아이템도 바이오센서 관련 기술로서 기술집약적 아이템입니다.

② 초기 창업자의 어려움

본 기업에 제가 진행한 것은 마케팅 전략입니다. 여느 스타트업이 그렇듯, 대부분 기업은 마케팅 전략 없이 사업을 진행하십니다. 특히 광고 기법이나 광고 카피 등을 마케팅이라고 착각하시는 경우가 많이 계시며 온라인 마케팅 도구를 사용하는 방법을 알고 계시는 분을 고용하시어 마케팅 인력이 확보되었다고 생각하십니다. 하지만 이러한 전략 없이 단순하게 진행하는 마케팅은 결국 결과물을 만들지 못합니다. 본 기업도 외부에서 보여지는 것은 기술 중심의 기업이지만 실제 이러한 기술을 잘 설명할 수 있는 마케팅적 개념이 없으셔서 많은 어려움을 경험하고 계셨습니다.

③ **멘토링 시작**

멘토링 시작 전, 엔지니어들과 많은 미팅을 진행하였습니다. 특히 등기임원이자 창업 멤버분들과 다양한 상담을 진행하였지만, 자신들이 개발하는 제품을 왜 개발하는지 명확하게 이해하는 분들은 없었습니다.

④ **마케팅 전략 수립**

대표님께서 마케팅에 대한 욕심은 높았지만, 이를 실행하는 방법은 모르고 계셨습니다. 다만 구글 애널리틱스, 페이스북 광고관리자와 같은 도구를 잘 사용하거나 또는 이러한 도구를 한번에 관리하는 MS 파워 BI와 같은 도구를 잘 사용하는 업체의 의견을 무조건적으로 수용하고 계셨습니다.

⑤ **전략 수립 과정**

마케팅 전략 수립 과정은 스타트업의 특성을 활용하여 임직원의 브레인스토밍부터 진행하였습니다. 브레인스토밍을 통해서 제품의 명확성,

제품 포장 디자인, 고객층 확인 등 마케팅 전략에 필요한 대부분의 정보를 수집하였으며 전략 지침이 수립되었고 교육을 진행하였습니다.

⑥ **컨설팅 이후**

컨설팅 진행 중에는 어떠한 불편함도 없었으며 임직원의 참여도 역시 높으며 적극적이셨습니다. 하지만 컨설팅 이후 세부적인 마케팅을 실행하면 전략대로 진행되지는 않았습니다. 특히 담당자의 상담을 통해 담당자의 입장에서 어려웠던 점은 마케팅 전략서를 기준으로 마케팅 실험을 진행하기 매우 어렵다는 것이었습니다. 어려운 이유는 대표님의 입장에서는 마케팅 실험보다는 가시적인 성과를 희망하셨으며 '우리 제품이 멋진데 왜 사용을 안 해?'라는 생각으로 구체적인 목표가 없이 무조건 팔리기만 하면 된다는 생각으로 진행한 것을 확인하였습니다.

⑦ **시사점**

초기 스타트업이 기업의 제품을 홍보하기 위해서 퍼포먼스 마케팅이라고 불리는 온라인 홍보 관리 시스템을 활용하고 있습니다. 이러한 홍보 관리 프로그램을 활용하여 마케팅을 하기 위해서는 가장 기본적인 마케팅 전략이 있어야 하며 마케팅 전략을 중심으로 소비자의 반응을 테스트할 수 있는 기반이 조성돼야 합니다. 이러한 마케팅 운영 프로그램의 경우 프로그램 기획만 1달 정도 시간이 걸리며 실행하는 것은 기본 3개월 단위로 쪼개야 합니다. 어떤 분들은 1주일이면 충분히 소비자의 반응을 확인할 수 있다고 하는데 그러한 의견은 제 개인적인 생각에 타켓층을 명확히 하지 않은 상태에서 내가 원하는 자료를 뽑기 위한 테스트를 진행한 것이라 생각합니다. 저는 지금까지 언급된 마케팅을 '홍보'라고 생각합니다. 홍보의 효과를 측정하기는 매우 어렵습니다. 이러한 어려운 점을 해결하기 위해서 마케팅 관리 도구를 사용합니다. 마케팅을 진행하는 데 있어서 이러한 도구를 사용해서 마케팅 활용 비용을 최적화하는 것이 당연하지만, 처음 진행하신다면 일단 진행부터 다양하게 하시고 당장의 효과를 기대하지 않았으면 합니다.

3장

사업계획서 그리고 경영, 마케팅 전략

1   사업계획서의 용도

사업계획서의 용도는 사용하는 목적에 따라 다릅니다. 초기 창업기업의 경우 대부분 사업계획서를 1종만 가지고 계십니다. 그래서 제가 가진 노하우를 말씀드립니다. 이 노하우를 잘 연습하고 따라 하시면 이 하나의 사업계획서를 활용하여 사골 우리듯 사용할 것입니다.

먼저 사업계획서의 대표적인 용도부터 보겠습니다. 하나, 기업 내부용 사업계획서. 둘, 제품 판매를 위한 사업계획서. 셋, 대출을 위한 사업계획서. 넷, 정부 지원을 위한 사업계획서. 다섯, 외부 투자 유치를 위한 사업계획서.

간단하게 생각해도 5종의 사업계획서가 있습니다. 그럼 왜 사업계획서의 용도가 다른 건지 깊게 고민해 보셨는지요? 당연하게도 목적이 있으니 용도가 다른 것입니다. 사실은 목적에 따라 다른 것이 아니고 읽는 사람에 따라 다른 것입니다.

예를 들어서 설명드리면, 투자 전문가들은 기술성도 중요하고 사업성도 중요하게 생각합니다. 하지만 가장 중요하게 생각하는 것은 무엇일까요? 바로 투자 회수율입니다. 내가 투자한 돈은 언제쯤 회수가 되고 여기에 추가로 내가 확보한 주식의 가치는 얼마가 될 것인가? 이런 것들을 중심으로 보게 될 것입니다. 회사소개서의 용도로 사용할 사업계획서라 하면 내부용일 가능성이 높습니다. 자사의 현재 위치를 확인하고 나아가야 할 방안을 검토하는 그리고 규모가 있는 회사라면 대표님께 보고하기 위한 사업계획서가 회사소개서의 형태로 나와 있을 것입니다. 대출 목적의 경우 단순합니다. 이자를 낼 수 있느냐 없느냐, 즉 현재의 영업 정도 그리고 미래의 영업 정도를 중심으로 보게 됩니다. 마지막으로 말씀드릴 것은 정부 지원용 사업계획서입니다. 이 사업계획서에는 무상으로 돈을 지원받으므로 그리고 평가위원들과 아무런 이해관계가 없으므로, 회사의 방향성은 기본이고 제품의 대한 우수한 기술성을 표현해야 하면서 동시에 시장성을 보여 주어야 합니다. 그래서 저는 정부 지원용 사업계획서를 하나 만들고 여기에 추가를 해서 기업 내부용 사업계획서를 만들어 사용합니다. 그럼 사업계획서의 종류별로 강조해야 할 것들을 좀 더 알아보겠습니다.

① 기업 내부용 사업계획서
② 제품 판매를 위한 사업계획서
③ 대출을 위한 사업계획서
④ 정부 지원사업용 사업계획서
⑤ 외부 투자 유치용 사업계획서

① 기업 내부용 사업계획서

기업 내부용 사업계획서는 현재의 사업을 검토하고 앞으로 나갈 방향을 확인하는 포트폴리오적 성격이 있는 사업계획서와 회사의 대표에 보고할 목적의 사업계획서가 있습니다.

후자인 보고서 용도의 사업계획서라면 각 회사의 자체적인 양식에 따라 잘 작성하면 됩니다. 다만 한 가지 TIP을 드리자면, 대표님이 좋아할 만한 보고서 형식으로 작성하는 것입니다. 사업계획서의 용도는 대표님이 만족하기만 하면 됩니다. 여기에 진취적인 부분과 기술적인 부분 그리고 혁신적인 부분은 필요가 없습니다. 아주 단순하게 대표님이 좋아할 만한 내용과 폰트로 그리고 대표님이 좋아하는 단어를 선택해서 아주 보기 좋게 작성하시면 됩니다. 다만 이 보고서에 어떠한 자신의 생각도 넣지 않으셔야 합니다. 간혹 사업계획서에 자신의 생각을 넣어서 그 생각이 가장 최신의 가장 진보적이고 진취적인 사업이 방향성이 아주 확실하다 하여도, 자신의 생각을 넣어서 대표님이 싫어하는 방향으로 흘러가는 경우를 발생시키지 않았으면 합니다.

전자인 포트폴리오용 사업계획서라면 이야기가 달라집니다. 가장 보수적인 관점에서 작성돼야 합니다. 그럼 사업계획서에 들어가야 하는 내용들을 간단하게 알아보겠습니다. 내용에 대해서 상세하게는 설명드리지 않을 것이며 상세한 설명을 본 책 이외에 인터넷을 참고해 작성하시는 것도 나쁘지 않습니다.

사업 개요	사업의 목적 등 구체적인 사업의 개요에 대해 작성합니다.
창업자 개요	창업자와 회사 내부 인력 구성의 강점 및 장점에 대해 작성합니다.
제품/기술개요	제품에 대한 기술력 등을 작성합니다.
시장 분석	목표 시장의 크기 및 달성하시고자 하는 시장 점유율, 매출액을 작성합니다.
사업 전략	사업 목표를 달성하기 위한 전략적 방법에 대해 작성합니다.
운영 계획	사업을 운영하기 위한 인적자원, 물적자원 관리에 대해 작성합니다.

재무 계획	사업 운영을 위한 자금 마련 방법 및 활용방법 등에 대해 작성합니다.
수익 분석	ROI 분석을 작성합니다.

위 항목들은 제가 경영전략 컨설팅을 하게 되면 거기에 적용되는 실제 내용들을 목차만 말씀드린 것입니다. 대기업이 아닌 경우 또는 기업에 경영 전문 전략조직이 없는 경우 내부용 사업계획서를 작성하기 많이 어려우신데, 위의 타이틀을 보시고 작성하시면 됩니다.

다음은 제가 실제로 컨설팅했던 TIPS 선정 기업의 전략서의 목차와 일부 예시입니다.

목차

1부 고객사 분석
1. ○○○ 기업 개요.................................1
2. ○○○ 사업 개요.................................2

2부 환경 분석
1. PEST 분석..9
2. 산업환경 분석...................................9
3. 경쟁자 분석.....................................13
4. 사업역량 분석..................................15
5. SWOT 분석....................................15

3부 마케팅 전략
1. 시장 세분화.....................................17
2. 목표시장 선택..................................20
3. 포지셔닝..21

4부 4P 전략
1. 제품정책 22
2. 가격정책 23
3. 유통정책 25
4. 촉진정책 26

5부 4C 전략
1. 사용자 28
2. 가격 29
3. 사용자 편의성 29
4. 소통 30

6부 프로모션 전략
1. 비용 결정 32
2. 집행 결정 32

	도입기	성장기	성숙기	쇠퇴기
매출 규모	저매출	매출 급성장	매출 극대화	매출 감소
비용 (단위 고객당)	고비용	평균비용	저비용	저비용
이윤	비발생	이윤 증가	고이율	이윤 감소
고객	혁신적 고객	선구자적 고객	일반 고객	후발 고객
경쟁자 수	극소수	증대	안정세	감소

마케팅	제품	하나	다수	전 상품 균일화, 상표 경쟁	
	가격	시장 팀투가격 정책	초기 고가 가격 정책	경쟁가격 또는 가격 절하	
	유통	선택적(유통망 서서히 구축)	전속적(판매점들의 거래 열망에 따라 일부 할인)	전속적(진열장의 공간 확보를 위한 대규모 거래 보상)	선택적(비이익적 판매점포 서서히 제거)
	광고	초기 채택자의 요구에 맞춤	브랜드 편익을 대규모시장 창출에 맞춤	타 유사 제품과의 차별화 수단으로 이용	재고 제거 수단
	판촉	(중요성 고) 제품 사용을 유발하는 샘플, 쿠폰 등	(중요성 중) 브랜드 위주 판촉	(중요성 중) 기존 고객들을 충성 고객으로 전환	(중요성 최소) 최소화
	브랜드	- 명확한 브랜드 아이덴티티 보유 - 브랜드 인지도 향상	- 이미지 투자 - 차별적 강점 부각 - 선택하고 싶도록 제작 - 브랜드 희소성 향상	- 항상 새로움을 제공 - 철저하게 통제 - 고객자료 DB화 - 브랜드 자산 일관성 유지	- 충분한 시장 정보 확보 - 고객층의 정확한 파악 - 한 가지 방법에 집착하지 말 것

기술 도입별 수명주기

도입기 선정 이유
1. 요시험 기술의 원천은 오래되었지만, 분석 방법의 다변화, 진보가 현재 개발 중임
2. 특수한 상황의 사용자 이외 일반 사용자들은 필요성에 대해 인지하지 못함
3. 시장에 관련한 선도기업이 있으나, 선도기업의 기술력 또한 진보적이지 못함

관련한 제품은 체외진단 의료기기법에 해당되는 제품으로 과거에는 일반인이 시험 및 진단을 하지 못하고 전문가에 의해서만 시험 및 진단이 진행되었으며 최근 법의 개정으로 일반인이 쉽게 접근하여 사용할 수 있게 되었습니다. 법적 제한이 일반 소비자의 쉬운 접근이 어려웠던 이유 중의 하나로 판단이 됩니다.

이를 명확하게 하기 위한 기술 S 커브 관점에서 해석하면 다음과 같습니다.

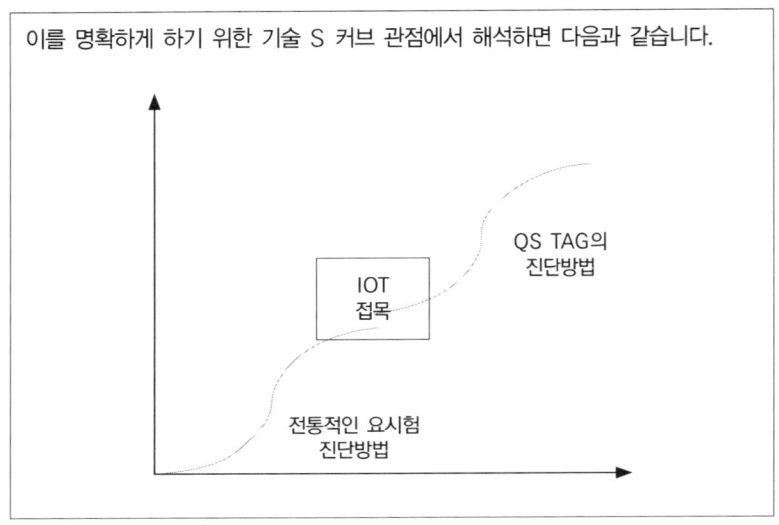

위 예시에 사족을 달자면, STP 4P 분석에 대해서 무용론을 직접 들었으며 고객들에게 STP 4P에 대하여 이야기를 하면 안 된다는 컨설턴트분을 실제로 만났던 적도 있습니다. 하지만 경영학(기술경영) 기반 관점에서 보면 100년 이상 검증된 방법인 STP 4P 분석이 가장 기본이며 가장 잘해야 하는 분석으로 생각됩니다.

② **제품 판매를 위한 사업계획서**

제품 판매를 위한 사업계획서입니다. 제품 소개서가 더 목적에 맞는 제목이라 생각됩니다.

이러한 사업계획서는 당연하게도 사용자에 자사 제품의 강점을 설득해야 하기에 사업계획서의 전체적인 내용과 흐름은 제품 중심이 돼야 하며 제품의 속성을 잘 보여 줘야 하는 것은 기본입니다. 이런 이유로 사업계획서의 전반적인 내용이 고객을 설득하고자 하는 제품의 기능 중심으로 작성돼야 합니다. 그리고 가장 중요한 제품을 사용하면서 사용자가 얻게 되는 재무적 이익을 설명해 주는 것이 좋습니다. 대기업의 경우 이러한 과정이 협업에 의해 진행되어 고객 입장에서 재무적인 성과 추정이 가능하나, 중소기업이나 스타트업은 상대적으로 대기업과 비교하기 힘들고 또 회사마다 그리고 제품마다 조금씩 성향이 달라서 제가 말씀드린 재무적 이익을 설명해 주는 템플릿을 만들고 설명해 드리기에는 모호한 부분이 많이 있습니다. 그래서 다음 예시를 보면서 이해를 부탁드리고 각 기업에 맞게 그리고 제품에 맞게 편집해서 사용하시는 것을 추천드립니다.

	경쟁사	자사
구입비용	10,000원	12,000원
월간 유지비용	1,000원	500원
연간 사용 금액 비교	22,000원	18,000원

기능적인 설명이 끝나고 나면 앞서 언급드린 고객사 입장에서 재무적인 이익을 설명해야 합니다. 너무 당연하게 고객 입장에서 우리의 제품을 사용하는 목적은 기능적인 것을 충족해야 합니다. 이러한 기능적인 것을 충족한 다음에는 당연하게도 우리의 제품을 사용했을 때 발생하는 재무적인 이익을 설명해야 합니다. 가장 간단한 것이 경쟁사와 비교해서 자사의 가격적 우수성을 설명하는 것입니다.

구입비용에서 우리의 제품이 다소 비싸다 하여도 관리비까지 포함하면 우리의 제품이 더 유리한 것을 쉽게 확인할 수 있습니다. 다시 앞에서 말씀드린 것을 강조하면, 우리의 제품은 경쟁사보다 기능적으로 우수해야 합니다. 기능적으로 우수한 다음 가격도 저렴해야 합니다. 이것은 기본입니다. 만약 가격이 저렴하지 못하다면 기능적으로 경쟁제품 대비 월등해야 합니다. 경쟁제품을 압도적으로 누를 수 있는 성능이 있어야 합니다. 그럼 당연한 이야기를 뒤로하고 앞의 표에서 보이듯이 가격으로 우수성을 설명하고 나면 이것을 시각화하면 어떨까요?

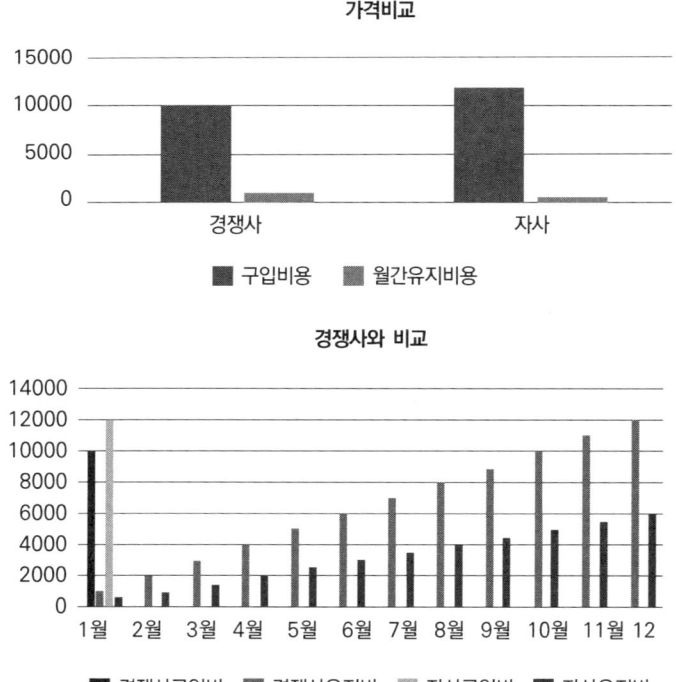

이처럼 테이블로 비교를 하고 도식으로 설명을 하면 고객을 설득하기가 많이 쉬워집니다. 비록 책에서는 엑셀이나 파워포인트를 이용한 간단한 도식으로 표현되지만, 디자인을 조금만 변경해도 아주 멋진 비교가 될 것입니다.

③ 대출을 위한 사업계획서

대출을 위한 사업계획서는 다소 양식이 달라집니다. 일반적인 조건들, 특히 기업의 재무와 관련해서 객관적인 증빙을 요구하고 있습니다. 초기 사업자의 대표님이시라면 재무 부분은 사실 기입할 것이 별로 없어서 어렵지 않게 작성하실 수 있습니다. 하지만 기술적인 부분에서 많은 부분 어려움을 경험하실 것입니다. 만약 기술 기반의 창업자이시면 자사의 기술에 대해서 서술하시면 되지만 기술 기반이 아니라면 기술적인 부분을 작성하기 어려우실 것입니다. 이때 하는 것이 시장 내 확인 가능한 경쟁사를 찾아서 그 경쟁사와의 차별점을 찾아가는 것입니다. 예를 들어 설명해 드리면 다음과 같습니다.

	경쟁사	자사
디자인	일반적으로 대중적인 디자인	자사만의 디자인 등록을 통한 디자인
크기	상대적으로 큰 사이즈 100mm × 100mm × 100mm	콤팩트 디자인 30mm × 50mm × 100mm

제가 사용한 것은 디자인과 크기만 사용했지만, 경쟁사를 찾으시면 그 경쟁사와 자사와는 분명 다른 부분이 존재합니다. 그 차이점을 서술하시면 되고 만약 차이점이 없는 일반적인 제품을 개발하셨다면 차이

나는 회사를 특정하셔서 그것과 비교하시면 됩니다. 다시 말씀드리면 앞서 설명드린 제품 판매를 위한 사업계획서와는 다르게 사업계획서를 읽는 당사자는 경쟁사에 대한 정보가 없고 우리가 제공하는 정보에 한정해서만 우리의 제품을 판단합니다. 그렇기에 우리 제품의 단점은 없고 강점만 있으면 됩니다.

그럼 다음으로 재무적이고 객관적인 조건들을 어떻게 설명해야 하는지 말씀드립니다. 실제로도 이 부분이 더 중요합니다. 이유인즉 채권자는 당연하게도 자신이 빌려준 돈을 어떻게 받을 것인가 그리고 이자는 제때 들어올 것인가 이 부분이 가장 중요합니다. 그렇기에 준비하셔야 하는 서류 중 고객사의 발주서가 필요합니다. 발주서 또는 구매확약서 등이 있으면 지원 기관의 대출 총액은 한도에 가깝게 되기 때문입니다.

이러한 고객사의 발주서 또는 구매확약서 등이 없으면, 창업을 하고 난 다음 대출이 필요한 시점까지 대출이 필요한 합리적인 이유가 있어야 하며 그 합리적인 이유는 당연하게도 지속적인 매출 신장을 위해 생산량을 늘리기 위한 시설물 또는 재료의 구입일 것입니다. 생산량을 늘리기 위한, 즉 창업 이래 지속적으로 성장을 해야 대출이 가능하다는 말씀을 드렸습니다.

그리고 아래는 간단하게 확인하는 상환계획입니다. 상환계획이 없는 상태에서 대출을 진행한다는 것은 무모한 행동이므로, 다음과 같이 간단하게라도 상환계획을 조금 구체적으로 확인해 봐야 합니다.

대출금 상환 계획

대출금	1,460,000,000	이자율	2.92%
총 이자	213,160,000	월간이자	3,552,667
대출총금액	1,673,160,000		
거치기간	2년		0%
원금상황	3년	70%	1,022,000,000	30%	438,000,000

	개월수	이자	원금	월간금액		개월수	이자	원금	월간금액
거치기간	1	3,552,667	-	3,552,667	원금상환기간	37	3,552,667	-	3,552,667
	2	3,552,667	-	3,552,667		38	3,552,667	-	3,552,667
	3	3,552,667	-	3,552,667		39	3,552,667	92,909,091	96,461,758
	4	3,552,667	-	3,552,667		40	3,552,667	-	3,552,667
	5	3,552,667	-	3,552,667		41	3,552,667	-	3,552,667
	6	3,552,667	-	3,552,667		42	3,552,667	92,909,091	96,461,758
	7	3,552,667	-	3,552,667		43	3,552,667	-	3,552,667
	8	3,552,667	-	3,552,667		44	3,552,667	-	3,552,667
	9	3,552,667	-	3,552,667		45	3,552,667	92,909,091	96,461,758
	10	3,552,667	-	3,552,667		46	3,552,667	-	3,552,667
	11	3,552,667	-	3,552,667		47	3,552,667	-	3,552,667
	12	3,552,667	-	3,552,667		48	3,552,667	92,909,091	96,461,758
	13	3,552,667	-	3,552,667		49	3,552,667	-	3,552,667
	14	3,552,667	-	3,552,667		50	3,552,667	-	3,552,667
	15	3,552,667	-	3,552,667		51	3,552,667	92,909,091	96,461,758
	16	3,552,667	-	3,552,667		52	3,552,667	-	3,552,667
	17	3,552,667	-	3,552,667		53	3,552,667	-	3,552,667
	18	3,552,667	-	3,552,667		54	3,552,667	92,909,091	96,461,758
	19	3,552,667	-	3,552,667		55	3,552,667	-	3,552,667
	20	3,552,667	-	3,552,667		56	3,552,667	-	3,552,667
	21	3,552,667	-	3,552,667		57	3,552,667	92,909,091	96,461,758
	22	3,552,667	-	3,552,667		58	3,552,667	-	3,552,667
	23	3,552,667	-	3,552,667		59	3,552,667	-	3,552,667
	24	3,552,667	-	3,552,667		60	3,552,667	438,000,000	441,552,667
원금상환기간	25	3,552,667	-	3,552,667	합계		213,160,000	1,460,000,000	1,673,160,000
	26	3,552,667	-	3,552,667					
	27	3,552,667	92,909,091	96,461,758					
	28	3,552,667	-	3,552,667					
	29	3,552,667	-	3,552,667					
	30	3,552,667	92,909,091	96,461,758					
	31	3,552,667	-	3,552,667					
	32	3,552,667	-	3,552,667					
	33	3,552,667	92,909,091	96,461,758					
	34	3,552,667	-	3,552,667					
	35	3,552,667	-	3,552,667					
	36	3,552,667	92,909,091	96,461,758					

④ **정부 지원사업용 사업계획서**

정부 지원을 위한 사업계획서 역시 작성하시는 방법이 많이 다릅니다. 정부 지원사업계획서 작성법에 대해 세부적인 것은 제가 작성한 《합격사례 따라하면 성공하는 정부지원 사업계획서 작성법》을 참고하시는 것을 부탁드리며, 정부 지원 사업계획서의 최대 특징은 다양한 평가위원 입장에서 작성을 해야 한다는 것입니다.

⑤ **외부 투자 유치를 위한 사업계획서**

제가 생각하는 사업계획서의 최고 수준으로 판단이 됩니다. 외부 투자 유치를 위한 사업계획서는 앞에서 열거된 모든 내용이 들어가야 합니다. 그리고 다른 사업계획서와의 최대 차이점은 투자 회수율에 대해서 구체적이고 체계적으로 작성하셔야 합니다.

SWOT 분석

드디어 말씀드립니다. SWOT 분석은 이번 장에서만 확실하게 연구하시고 복습하시면 회사에서 또는 사업계획서 작성하실 때 완성도 높은 SWOT 분석을 하게 될 것입니다. 물론 SWOT 분석 하나만 구체적이고 체계적으로 교육을 하게 되면 6개월 정도의 시간이 필요한 어려운 부분입니다. 하지만 이번 장에서 6개월 수준의 교육 강의 정도까지는 아니지만 어느 정도 이야기가 가능한 수준까지 올라가게 될 것입니다. 또한 인터넷을 조금만 찾아보아도 나오는 SWOT 분석은 정말 다양하게 있습니다. 하지만 대부분이 비전문가에 의한 것이니 이러한 것은 뒤로 접어 두시고 본 장에서의 설명을 통해 SWOT에 대하여 100% 알게 해드리겠습니다.

가장 기본입니다. 말뜻을 알아야 시작하므로 단어부터 알아보겠습니다.

> S: 강점, W: 약점, O: 기회, T: 위협

각 항목별 작성 방법을 포함하여 정의를 알아보면 다음과 같습니다.

항목	정의	작성 방법
강점	자사의 강점에 대하여 작성합니다.	차별적 우위 중심
약점	자사의 약점에 대하여 작성합니다.	구조 및 기초적인 약점
기회	외부 환경의 기회 요소들을 확인하고 작성합니다.	산업 환경에서의 기회 요인
위협	외부 환경의 위협 요소들을 확인하고 작성합니다.	산업 환경에서의 위협 요인

인터넷을 조금만 검색하시면 위와 같은 내용들은 쉽게 접하실 수 있습니다. 다만 어떤 요소들로 작성을 해야 하는가는 좀처럼 가르쳐 주지도 않고 정보를 찾기도 어렵습니다. 대부분의 SWOT 분석을 제대로 하지 않고, 수박 겉핥기 식 또는 속만 확인하는 방식으로 정보를 나누고 있기 때문이며 또 이러한 정보가 재가공되어 퍼지기 때문입니다.

먼저 강점(S)에 작성돼야 하는 목록들과 예시를 들어 보겠습니다.

강점 부분에 작성돼야 하는 주된 것들의 기본은 타사 대비 우월한 자사의 강점을 작성하는 것입니다. 예를 들면 높은 시장점유율, 독보적인 기술 또는 배타적인 기술, 이미 확보된 높은 수준의 생산성, 자본을 강점으로 하는 경제성, 유통 채널과 깊은 관계 형성이 있습니다.

대표 항목	작성 요령
시장 점유율	경쟁사 대비 높은 시장 점유율 20% 시장 점유율 30% 달성 가능 ※ 단 근거가 있어야 합니다.

대표 항목	작성 요령
독보적인 기술	관련 특허 출원 완료 한양대학교와 기술제휴 협약 완료 해당 업력 20년의 기술적 노하우 축적 완료
높은 생산성	관련 업계 1위 생산시설 확보 초기 생산을 위한 생산계획 확보
자본 경제성	경쟁사 대비 높은 자본력 확보
유통 채널과의 관계	유통사와 수직계열화를 통한 유통 시스템 구축

위와 같은 예시로 작성하시는 것이 바람직합니다. 그럼 'Start Up'이면 위에 해당하는 것이 거의 없을 것 같은데 무엇을 적는 것이지?'라는 합리적인 고민을 하셔야 합니다.

사실 Start Up의 경우 대부분 객관적인 경쟁우위를 작성하시기 어렵습니다. 하지만 작성 가이드를 잘 확인하시고 앞으로 어떤 부분을 잘 구축해야 하는지 또 어떤 부분이 우리의 강점이 될지 잘 판단하셔야 하며, 특히 기술력 부분에서는 대표님의 역량이 매우 중요합니다. 만약 기술 개발이 아닌 서비스 중심의 기업이시라면 서비스 매뉴얼을 직접 작성하시거나 해당 서비스에 대한 깊은 Insight가 필요합니다. 자사의 내부적 강점을 작성하시다 보면 이러한 장점을 어떻게 하면 극대화할지에 대한 생각도 자연스럽게 하게 됩니다. 더불어 자사의 강점은 나의 강점이기도 합니다. 그럼 나의 강점은 내가 잘하는 것이 나의 강점입니다. 하고 싶은 것 그리고 어설프게 아는 것은 강점이 아닙니다. 예를 들어 설명을 드리면 저의 경우 경영컨설팅을 하면서 가장 큰 장점은 기술사업화 부분입니다. 전공도 기술경영이고 실제 기술사업화에 성공한 사례도 많이 보유하고 있으며 이 글을 적고 있는 시점에도 고객사의 신제품 개발을 위해 아이디어 발굴 수준부터 준비하고 있는 과제들이 몇 가지 있습니다. 다른 장점으로는 디자인진흥원으로부터 발급받은 디자인전문기업 등록이 있습니다. 하지만 전 CAD와 같은 Tool을 사용하지 못합니다. 그럼 저의 장점 작성 항목에 디자인 능력을 기록해야 할까요? 실제 아이디어 도출은 제가 하는 경우도 종종 있지만, 이를 구현하고 구체화하는 것은 전문 디자이너가 하게 됩니다. 단순하게 디자인전문기업 등록증이 있다고 이것을 장점으로 만들지는 못합니다.

두 번째로 약점(W)에 대해서 알아보겠습니다.

약점 부분은 주로 자사의 내부적 약점에 대해서 작성하시는데 강점과 유사하게 경쟁사 대비 약점을 작성하시게 됩니다. 보통 연구개발 부족 사항, 생산설비에 대한 약점, 브랜드 이미지, 개발 제품의 낮은 시장진입장벽 등이 해당합니다.

대표 항목	작성 요령
연구개발	연구개발 전문 인력의 부재
생산설비	경쟁사 대비 노후화된 생산설비
브랜드 이미지	시장에 보급되지 않은 브랜드 이미지
시장 진입장벽	상대적으로 쉬운 경쟁사의 진입

본 약점 항목을 생각하고 있으신 지금, 약점이야 적으면 한도 끝도 없을 것입니다. 우리는 이러한 약점을 기록하면서, 극복 가능한 약점이 있고 극복 못 하는 약점이 있습니다. 그럼 우리는 극복 가능한 약점의 경

우 극복 전략의 과제로 선정하시면 되겠습니다. 다른 경우인 극복 못 하는 약점이라면 회피전략이 나올 수 있습니다. 극복이 불가능에 가깝다면 어렵게 그 난관을 극복하기 위해 노력하는 것보다 살짝 옆으로 돌아서 가도 좋습니다. 다만 그러한 회피 전략이 안전인증과 같은 치명적인 것이 아니라면요. 제가 실제 멘토링 했던 사례가 있습니다.

해당 사업은 개인정보를 활용하여 어떠한 수익을 창출하는 기업이었습니다. 개인정보보호법에 따라 이 정보들을 수집하는 과정에서부터 많은 어려움이 있었습니다. 또 기 구축된 개인정보를 구입하기에도 재무적인 문제가 있었습니다. 이 기업에게 해당 정보를 간접적으로 수집하지 말고 직접 수집하는 것을 제안드렸으며, 이를 통해서 개인정보보호법을 우회하는 효과를 확인하였고 이러한 것들은 변호사의 상담으로 진행이 되었습니다. 자세히 설명드리기에는 많은 어려움이 있지만, 위 수진기업은 100% 정부 지원으로 상담도 받고 컨설팅도 받으셔서 문제를 해결하신 경우에 해당됩니다.

다른 컨설팅 사례를 들면, 연구개발 관련 해결 사항입니다. 우리는 보통 업계 경력이 10년 이상 되면, 구체적으로 12년 이상 되면 베테랑이라 말할 수 있습니다. 이러한 업계 경력을 배경으로 연구를 하게 되면 자신이 잘하는 부분만 연구하게 됩니다. 이러한 부분은 자사의 강점이 될 수도 있지만 약점도 될 수 있습니다. 이를 극복하기 위해서 실제 전문 연구 인력을 고용하면 되지만 중소기업에는 전문 연구 인력이 구직을 하지 않을뿐더러 입사를 하게 되면 인건비 감당이 어려운 경우가 많습니다. 이러한 약점 또는 강점을 보완 또는 강조하기 위해 컨설팅해 드린 것은 퇴직 전문 인력의 활용 방법과 정부출연연구원의 박사급 엔지니어를 수개월 상주 근무하게 하는 제도를 상담드려 해결하여 드렸습니다. 이렇듯 약점은 곧 기회일 수도 있습니다.

세 번째로 기회(O) 부분 작성 방법을 알아보겠습니다.
기회 부분은 자사의 노력에 의한 기회를 기준으로 작성하시되 통제 영역이 아닌 외부 영역입니다. 예를 들어 새로운 시장의 창출, 새로운 기술의 등장, 법 제도의 변경, 최대 경쟁회사의 쇠퇴 등이 해당합니다.

대표 항목	작성 요령
새로운 시장 창출	고객의 니즈 변화에 따른 새로운 시장 등장
새로운 기술 등장	통신기술의 발달로 끊김 없는 실시간 고해상도 화면 전송 가능
법 제도의 변경	특별법 제정에 따른 기존 사업 분야의 확장
최대 경쟁사 몰락	경쟁기업의 몰락으로 시장기회 창출

이외에도 우리가 경영하면서 발생되는 수많은 외부환경 상황에서 우리에게 어떠한 기회가 될 것을 찾아야 합니다. 금방 말씀드린 부분은 통제 불가능한 영역이지만 노력에 의한 기회를 통제 가능한 영역으로 인지하시어 작성하시라고 강조드린 것입니다. 이렇게 글을 시작한 이유는 외부 환경이 어떠한 식으로 변화가 이루어져도 변화된 환경을 수동적으로 가만히 받아들이는 입장이시라면 그 환경 변화에 매우 둔감하게 대응 또는 반응할 것이며, 만약 능동적으로 받아들이신다면, 적극적으로 그러한 정보를 직접 찾아 연구하시고 공부하게 됩니다. 결국 연구와 공부는 기회를 통제 가능한 부분으로 만들 수 있는 것입니다. 이러한 연구

탐구 부분을 노력에 의한 기회라고 표현을 하였습니다. 이 글을 읽으시는 분들은 이미 이러한 노력을 하고 계신 것입니다. 다음으로 확인해야 하는 것은 외부 환경 중 위협입니다.

네 번째 위협(T)은 외부 환경 중 우리 회사에 안 좋은 영향을 주는 위협 요소들을 분석하는 것입니다. 예를 들어 경제 성장의 심각한 둔화, 강력한 경쟁상대의 등장, 법 제도의 변경, 대체품의 출시 등이 해당되겠습니다.

대표 항목	작성 요령
경제 성장의 둔화	경제 성장의 둔화에 따른 소비 위축
경쟁상대의 등장	서비스 중심의 새로운 기업 등장
법 제도 변경	법 개선에 따른 새로운 인증제도 필요
대체품 출시	대체품 출시

위의 내용들은 숫자로 표현을 하시는 것이 가장 좋습니다. 숫자로 표현이 안 되는 경우가 많이 있겠지만, 그렇다 하더라도 가장 객관적인 근거에 의해서 작성되어야 합니다. 작성자의 직감에 의해 작성된 SWOT 분석 보고서는 쓰레기 보고서가 아니라 기업에 악영향을 주는 보고서가 되므로 반드시 객관적인 사실에 의해서 숫자로 표현하셔야 합니다.

다음 그림을 보겠습니다.

내부환경 | 외부환경

S W | O T

앞서서 설명해 드린 것을 다시 한번 확인하시면, 내부 환경과 외부 환경으로 구분이 됩니다. 그럼 다시 다음 그림을 보겠습니다.

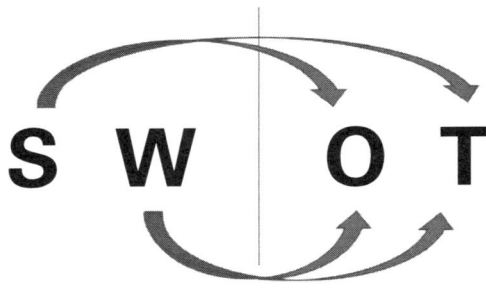

강점을 기준으로 SO 전략, ST 전략, 약점을 기준으로 WO 전략, WT 전략, 이를 있어 보이는 말로 포장을 하면 다음과 같습니다.

SO	내부 역량을 시장 기회를 통해 확장하는 전략
ST	내부 역량을 통해 외부 위협 요소를 제거하기 위한 전략
WO	내부 약점을 보완하여 시장 기회를 극대화하는 전략
WT	내부 약점을 보완하여 외부 위협 요소를 극복하는 전략

실전 예시를 확인하면서 이해를 돕겠습니다.

1. 사업 역량 분석(핵심 역량)

부문	핵심요소	우위역량	열위역량	시사점
경영진	디자인과 회사 운영을 이원화하여 진행	10년 이상의 시장 경험	중국 시장에서의 경험이 많아 상대적으로 국내 시장에 약함	전문적인 교육이 없음에도 불구하고 다양한 발명을 통해서 전문가 수준의 실력을 확보하고 있음
R&D 기술	디자인 전문가와 설계원을 이원화하여 진행	디자인 등록 다수 각종 장비 보유	Start Up 특성상 인적 자원이 부족함	향후 메인 디자이너 이외 서브 디자이너를 수정하여 다양한 디자인 라인업이 필요함
생산	생산시설 확보	경쟁사 대비 상대적으로 가격 경쟁력 확보	국내 생산보다는 주로 해외 생산이 이루어짐 (인건비 문제)	디자인의 종류가 다양하지 않아 향후 다양한 디자인이 요구됨
인사 조직	-	-	-	기업 확장을 위해 점진적인 증원이 요구됨
재무	-	-	-	단기매출 중심 전략 이외 중장기 전략이 필요함
마케팅	-	-	시장에 알려지지 않음	다양한 마케팅을 통하여 시장에 소개돼야 함
정보화	해당사항 없음	해당사항 없음	해당사항 없음	해당사항 없음
글로벌화	영어, 중국어 능통	외국 문화에 대한 이해도 높음	해당사항 없음	해당사항 없음

2. SWOT 분석

의사결정을 위한 기업의 상황을 분석하기 위해 SWOT 모델을 이용하여 분석하였습니다.

강점	약점
- 핵심 경쟁우위 요인? - 기업 및 사업자의 핵심역량? - 사업 아이템의 차별성? - 사업자의 독점적인 역량은(모방 불가)? - 약점을 극복할 수 있는 강점은?	- 경쟁아이템 대비 약점은? - 강점보다 크게 작용되는 약점은? - 경쟁브랜드 대비 열위요소와 그 이유는? - 약점으로 바뀐 이유는?
기회	위협
- 사업화 측면에서의 기회요인 - 경쟁관계의 기회요인 - 소비자 니즈 변화의 기회요인 - 사업 추진과 관련된 정책적 기회요인 - 기타 기회요인	- 사업화 측면에서의 위협요인 - 경쟁관계의 위협요인 - 소비자 니즈 변화의 위협요인 - 정책적 위협요인 - 기타 위협요인

이와 같은 도표는 SWOT 분석을 위한 기준을 보여 주고 있습니다. 조사한 정보를 중심으로 내부 환경과 외부 환경 분석을 완료하였고 분석된 자료로부터 도출한 SWOT 분석은 다음과 같습니다.

강점	약점
- 경쟁사 대비 가격 경쟁력 확보 - 자체 설계 요원 보유 - 디자인 등록 확보	- 인적 자원 부족 - 재무적 안정이 필요함
기회	위협
- 브랜드 이미지 구축 시 상위 브랜드로 진출이 용이함 - 시장경기에 민감하지만, 절대적인 시장 규모 안에서 최소한의 시장 규모가 있음	- 경기 불황으로 주얼리 시장이 줄어들고 있음

이러한 분석을 기준으로 SWOT 전략을 말씀드리면 다음과 같습니다.

부	내부	
	강점	약점
기회	SO 전략 - 가격 경쟁력을 바탕으로 브랜드 이미지 구축	WO 전략 - 브랜드 인지도를 극복하기 위한 다양한 홍보 활동 진행
위협	ST 전략 - 지속적인 디자인 출시를 통한 시장에서의 생존	WT 전략 - 인력 충원을 통한 시장 개척 등 다양한 유통판로 개척

SWOT 분석을 통해서 이와 같은 결론을 도출하였지만, Start Up 특성상 현재 수준에서의 분석보다는 시장에 Soft Landing이 가장 우선됩니다.

위 기업은 창업 1년 미만의 기업 예시입니다. 먼저 회사의 핵심 역량을 먼저 분석하고 핵심 역량 기준으로 SWOT 항목을 진행하였습니다. 이러한 SWOT 분석으로 통해서 전략 방향성을 도출하였습니다. 위 분석에는 표현하지 않았지만, 강점 부분을 분석하기 위해서 경쟁사를 먼저 분석하였으며, 경쟁사 분석과 동시에 시장지배자에 대한 분석도 진행하였습니다. 더불어 기회 요인과 위협 요인을 분석하기 위해서 PEST 분석과 5-Force 분석도 진행하였습니다. 이 외에도 기본적으로 Value chain 분석도 들어가야 하며 자사의 강점과 약점을 경쟁사와 비교하면서 5점 척도 또는 7점 척도로 정량화하는 것도 필요합니다. 하지만 우리는 이런 것을 진행하기에 너무 많은 노력이 필요하므로 자세한 분석은 잠깐 뒤로 밀어 두고 앞서 설명드린 부분만 충분히 인지하고 따라 하시면 제법 그럴싸한 SWOT 분석 자료가 나옵니다.

3 비즈니스 모델과 수익모델

본 장에서 제가 설명드리고자 하는 것은 비즈니스 모델과 수익 모델의 차이점입니다. 설명 전에 먼저 '기업가치 극대화'라는 표현부터 하겠습니다.

우리 대표님들이 처음 창업을 준비하시면서 가장 어려워하시고 그리고 사업을 결정하시게 된 결정적인 것이 바로 '기업가치 극대화' 때문입니다. 제가 '수익'으로 표현하지 않고 '기업가치 극대화'로 표현한 이유는 사업마다 목표로 하는 것이 달라서 '수익'보다는 '기업가치 극대화'가 맞는 말이기 때문입니다.

그럼 기업가치 극대화를 위해서는 어떤 과정이 필요한가를 생각하면 당연하게도 수많은 과정이 필요하지만, 종국에는 '수익'이 발생해야 합니다. 물론 비영리 기업의 경우 수익보다는 다른 목적일 것입니다. 저는 비영리 기관이 아니므로 수익 입장에서만 생각해 보면, 수익을 많이 창출한다는 건 말도 안 됩니다. 물론 많으면 많을수록 좋은데 무슨 소리인가? 생각하신다면 안 되시고, 목표로 설정한 수익이 발생하였는가? 즉 예상한 수익이 예상한 대로 나와야 되는 것입니다. 그럼 예상한 수익이 예상한 대로 나오려면 어떻게 해야 할까요? 바로 비즈니스 모델이 잘 나와야 합니다. 하지만 초기 창업자분의 경우 종종 수익 모델과 비즈니스 모델을 착각하고 계십니다. 비즈니스 모델은 수익 모델과 다릅니다.

일단 이름부터 다릅니다. 이름이 다르니 당연히 다른 뜻이고, 다른 의미입니다. 그러니 절대 혼용해서 사용하시면 안 되고 확실하게 구분하셔야 합니다. 수익 모델 설명이 좀 더 궁금하셔도 먼저 비즈니스 모델 설명부터 드립니다. 비즈니스 모델은 말 그대로 사업 모델입니다. 예를 들어 '이런 저런 고객들에 이런저런 자원을 활용해서 이런저런 제품 또는 서비스를 제공해서 이런저런 방법으로 수익을(목적을) 달성한다'입니다. 눈치채셨겠지만 수익 모델은 비즈니스 모델의 하위 부류로 생각하셔도 전혀 문제가 없습니다.

　우리가 창업을 결정하는 과정에서 어떠한 아이디어나 기술을 가지고 가장 먼저 생각하는 것이 '몇 개 팔아서 얼마 남지?'입니다. 당연히 100개 팔 때보다 1,000개 팔 때가 수익이 많이 납니다. 하지만 수익률은 어떨까요? 100개 팔 때나 1,000개 팔 때 수익률이 같다면 이건 판매하는 방법에 문제가 있는 것이고, 이런 문제가 있다는 건 비즈니스 모델이 정교하지 못하다는 것입니다.

　비즈니스 모델을 설명할 때 매우 자주 사용하는 것이 비즈니스 모델 캔버스입니다. '린 스타트업 모델'이라는 것도 있지만 비즈니스 모델 캔버스가 가장 보편적이며 효과적입니다.

위 모델이 비즈니스 모델 캔버스이며 인터넷에서 무료로 자유롭게 다운로드 가능합니다.

비즈니스 모델 캔버스에 대한 구체적인 설명을 본 책에서 하기보다는 간단하게만 설명드리고 직접 온라인을 통해 실습하시는 것을 적극 권장해 드립니다.

1) 고객 분석

우리가 어떤 고객에 어떤 니즈를 충족시켜 주느냐입니다. 주로 고객 불편사항이 될 것이며 고객층은 매우 구체적이면 좋습니다. 한 번에 많은 고객의 니즈를 분석하기보다는 2~3개만 분석하면 좋습니다. 고객니즈 분석이 어렵다면 어떤 고객을 대상으로 하는지에 대한 설명이 있으면 좋습니다.

2) 가치 제안

우리가 제공하는 제품 또는 서비스입니다. 역시 고객니즈에 맞추어 2~3개면 충분합니다.

3) 채널

유통경로입니다. 유통경로는 직접, 간접, 복합 등 다양한 유통경로가 있으니 직접 경로를 찾아서 진행하셔야 합니다.

4) 고객관계

고객을 어떠한 방법으로 관계를 지속적으로 유지시키느냐입니다. 실제 우리 회사의 매출은 대부분 충성고객으로부터 나옵니다.

5) 수익

우리가 제공하는 제품 또는 서비스를 통한 수익입니다. 비즈니스 모델 설계에서는 간단하게만 설계하셔도 되고 점점 고도화해야 하는 중요한 것 중 하나입니다. 보통 ROI(Return of Investment, 투자회수율) 분석이라고 합니다.

6) 핵심 자원

우리가 보유하고 있는 것으로 재무, 인적, 물적 자원을 말합니다.

7) 핵심 활동

핵심 자원을 활용하여 우리가 진행하는 핵심 사업입니다. 서비스를 만든다든가 제품을 만드는 일이 해당됩니다.

8) 핵심 파트너

당연하게도 우리는 우리 스스로 모든 것을 못하고 협력업체의 도움을 받아야 합니다. 협력업체와 합이 잘 맞으면 사업은 성공합니다.

9) 비용구조

우리가 회사를 운영하면서 발생되는 모든 비용에 대한 분석입니다.

비즈니스 모델에 대해서 매우 간단하게 알아보았습니다. 수익 모델은 비즈니스 모델의 세부적인 사항 중 하나입니다. 예를 들어 '쿠팡'은 2020년 기준으로 수천억 원의 적자가 나옵니다. 수익 모델 하나로만 보면 '쿠팡'은 망해야 합니다. 하지만 정말 잘나가는 유통업체입니다. 이렇듯 수익 모델에 너무 집중하지 마시고 큰 그림, 즉 비즈니스 모델을 잘 보셔야 합니다.

비즈니스 모델 구성에 어려움이 있으시면 메일 주십시오. 제가 비즈니스 모델을 조금 더 정교하게 다듬어 드리겠습니다.

자사의 강점 파악하기
어떤 식으로 강점을 연구하고 분석할 것인가

자사의 강점을 어떻게 파악할까요? 스타트업의 경우, 특히 1인 창조기업의 경우 자사는 곧 대표자입니다. 우린 자사의 강점을 어떻게 파악해야 할까요? 너무 어렵습니다. 저 역시 저의 장점을 파악하는 데 많은 시간이 걸렸고 현재 저의 강점이라고 분석한 것이 과연 강점일까? 하며 되새기고 계속해서 고민하고 있습니다. 그래서 강점을 더욱 빛나게 하려고 계속해서 다른 무언가를 개발하고 있습니다.

서점에 가면, 위와 같은 이야기를 하는 자기계발서가 많이 있습니다. 저는 자기계발서를 많이 읽어 보지는 않았지만 추측하건대, 자기계발을 하기 위해서는 남의 말을 잘 듣고 남의 글을 잘 읽고 시간을 계획적으로 쪼개서 활용하다 보면 언젠가는 성공한다는 구조가 아닐까 상상해 봅니다.

《시크릿》이라는 자기계발서라면, 하면 그것은 읽었습니다. 그리고 글을 쓰는 시점에서 생각하니 제가 읽은 《몰입》이라는 책도 자기계발서입니다. 자기계발서는 글을 쓰는 당신은 당신의 방법으로 해서 성공을 한 것이지 그것을 일반 대중들이 다 따라 한다고 성공할까? 라는 나름대로의 합리적인 생각으로 읽지 않습니다. 강점을 파악하는 방법을 말씀드리기에 앞서서, 먼저 언급된 두 책의 공통점은 무엇일까 생각해 봅니다. 제가 생각하는 공통점은 바로 특정 목적에 대한 고도의 집중입니다. 《시크릿》은 본인이 원하는 것에 집중을 하고 노력하면 달성한다는 내용의 책이며《몰입》역시 고도의 집중을 하는 훈련을 가르쳐 주는 책입니다. 저도 그렇습니다. 무언가를 할 때 당면한 과제에 대해 나름대로 고도의 집중을 합니다. 그럼 고민되었던 문제들이 하나둘씩 해결됩니다. 그럼 제가 말씀드리는 해결된다는 문제들은 과연 제가 할 수 있는 문제들이었을까요? 아니면 해결하지 못하는 문제들이었을까요? 예를 들어서 저는 경영컨설턴트이자 제품 디자인 기획자입니다. 하지만 실제 설계자들은 아닙니다. 어떤 제품을 만들어야 할 때, 그것도 오롯이 혼자만의 능력으로 무언가를 만들어야 할 때 제가 고도로 집중을 하면 해결이 될까요? 고도로 집중할 시간에 AUTO CAD를 배우는 것이 더 합리적이지 않을까요? 이제 제가 어떤 의도로 위와 같이 장황하게 설명을 하였는지 이해되시나요? 자사(대표)의 강점을 파악하기 가장 손쉬운 방법은 현재 직접 해결 가능한 기술(능력) 중심으로 고도의 집중을 하다 보면 어떤 부분이 자사의 장점이고 어떤 부분이 자사의 약점인지 파악이 됩니다.

이 글을 읽고 계시는 대표님이 아무런 기술도 없고 아무런 재능도, 능력도 없으시다면 또 자신의 상황을 비추어 고도의 집중을 했는데도 어떤 것이 강점인지 파악하기 어려우시며, 다시금 인터넷을 켜서 다른 사람이 무엇을 하나 관찰하신다면, 혹시 그렇다면 이 책을 빨리 덮고 중고시장에 판매하시는 것을 권장해 드립니다. 제가 출간하는 책들은 기본적으로 기술 또는 능력이 있으시거나 또는 그 기술을 위해 부단히도 노력하는 사람들을 대상으로 하고 있습니다. 노력을 하지 않고 성공을 하는 경우를 저는 본 적이 없습니다.

일부 몰지각한 가짜 컨설턴트들이 키워드 검색을 관리하는 어설픈 방법만 알려줘서 조금만 노력을 해도 물건을 판매하고 수익을 낼 수 있다고 광고를 합니다. 상당수가 그렇게 영업을 하고 있습니다. 저는 도무지 이해가 가지 않습니다. 심지어 더 몰지각한 가짜 컨설턴트들은 광고비 집행 내역을 감추고 판매 실적만 보여 줍니다. 그리곤 자기가 대단하다 떠들고 있습니다. 저는 이런 꼼수를 희망하는 대표님들을 대상으로 하지는 않습니다. 혹시 그렇다면 빨리 이 책을 중고로 파셔서 회사를 홍보하는 데 도움이 되셨으면 합니다.

다시 돌아가서 자사의 강점을 파악하는 방법은 무엇일까요? 제가 하는 방법을 앞서 설명드린 것은 자신이 지금 하고 있는 것을 고도의 집중력으로 생각하다 보면 하나둘 떠오르기 시작합니다. 이때 떠오르는 것을 메모장에 적어 두시는 것입니다. 그리고 잊어버리셨다가, 시간이 조금 지난 이후 다시 고도의 집중을 해서 떠오르는 것을 메모장에 적어 두십시오. 이렇게 3~4회 반복하면 공통점이 나옵니다. 바로 이 공통점이 자사의 강점이 됩니다.

자사의 강점을 파악하기는 매우 어려운 일입니다. 그래서 자신의 경력을 중심으로 강점을 파악하면서 시작하는 경우가 매우 빈번하며 저 역시 강점을 작성하게 되면 저의 경험이나 경력을 중심으로 작성을 합니다. 하지만 지금은 그렇지 않습니다. 저의 사업을 소개하는 프로젝트마다 거기에 맞는 저의 강점을 편집해서 작성하고 있습니다. 제가 이렇게 된 배경에는 앞서 말씀드린 것처럼 저 역시 고도의 집중을 통해 많은 연습을 통해서 나온 결과입니다.

처음 자신의 강점을 기록하다 보면 작성된 강점은 다른 기업의 강점들과 비교해서 보통 상대적으로 열위 항목입니다. 그래서 이러한 강점들이 본인의 강점이 아니라고 생각들을 많이 하시는데, 전혀 그렇지 않습니다. 대표님이 생각하시는 상대적 열위라는 것은 약점이 아니라 경쟁상대를 잘 파악했다는 의미이므로, 경쟁상대 분석을 통해서 체계적인 목표설정이 가능하신 것이므로 너무 걱정을 안 하셔도 좋습니다. 이렇게 비교대상이 있다면 비교대상을 기준으로 목표 설정을 하시고, 꾸준히 개발하시다 보면 어느 순간, 그 목표를 달성했을 때 과거 본인이 생각했던 열위 사항이 변해 있을 것입니다.

우리는 보통 무언가를 할 때 불편함을 느끼면 이를 해결하고자 합니다. 보다 구체적으로 말씀드리면, 사람은 현재 자신의 상태에 대한 변화 또는 미래에 되고자 하는 바람직한 상태의 변화가 발생되면 변하려고 노력을 합니다. 바로 이 글을 읽으시는 여러분이 이러한 상태의 변화 때문에 그렇습니다. 이 글을 읽고 계신다는 것은 우리가 이미 변화를 하려고 준비가 되어 있는 상태이므로 지금부터라도 자신의 강점, 자사의 강점을 파악하면 경쟁 상대와 상대적으로 우월한 점, 상대적으로 약한 점이 파악 가능합니다.

그럼 자사의 강점(자신의 강점)을 파악하면서 이러한 강점은 보통 어떤 부분에서 나올지 생각해 보겠습니다. 이 질문에 대한 답변은 아주 쉽게 말씀드릴 수 있는 것이, 그것이 바로 현재 하고 계신 일이 되십니다. 지금 하시는 업무가 디자인 작업이라면 디자인에 대한 자신의 경력이나 영업력이 강점이 될 수 있고, 만약 무언가를 제조하시는 분이시라면 제조에 대한 방법 강점이 있으실 것입니다. 만약 특정 분야에서 일정 부분 경력이 있으신 분이라면 그 해당 분야에 대한 산업 환경부터 제조하는 방법을 포함하여 판매 방법까지 포괄적인 지식을 보유하셨을 것입니다. 그럼 보다 구체적으로 이러한 생각을 기준으로 고도의 집중을 하게 된다면 내가 가장 잘하는 부분이 나오며 상대적으로 약한 부분이 나오게 됩니다. 이때 내가 가장 잘하는 부분이 바로 자사의 핵심 역량이 되는 것이고 상대적으로 부족한 열위 부분은 어떠한 식으로 보완을 해야 하는지 파악이 가능합니다.

자사의 강점을 파악하는 방법은 생각처럼 쉽지가 않습니다. 하지만 이런 것을 고민하면서 강점은 강조하고 부족한 부분은 보충을 하면서 사업을 준비하시거나 또는 사업을 이어나가시면 빠른 시간 안에 성공하실 수 있으실 것입니다.

다음으로 말씀드릴 것은 자사의 강점과 파악이 되셨으면 자사의 약점 파악도 됩니다. 사실 우리는 약점이 매우 많습니다. 특히 재무적인 약점이 가장 보편적인 약점일 것입니다. 역시 강점을 파악하는 방법과 동일한 과정으로 생각을 하게 되며 보통의 경우 장점이 떠오르는 동시에 약점도 떠오르게 됩니다. 우리는 재무적인 것을 포함해서 우리의 약점을 파악하게 되면 강점과 약점 파악이 완료되는 것입니다. 이러한 자신의 강점과 약점을 파악하는 것을 내부분석이라고 칭합니다.

우리는 이러한 내부분석을 하면서 경쟁사를 조사하게 되므로 일부 외부분석도 진행하게 됩니다. 외부분석을 진행하면서 시장의 흐름 역시 분석을 하게 되는 경우도 왕왕 발생합니다. 이러한 내외부 분석을 시작으로 경영 전략 및 마케팅 전략이 나오게 됩니다.

  글을 마치면서 조금 무거운 이야기를 하면 기업의 내부, 외부 진단을 하면서 시작하는 경영 진단 및 분석 보고서는 기업의 모든 내용을 넣게 되면 책 한 권 수준이 나옵니다. 그리고 이 정도 수준은 전문적인 교육을 받은 사람만 작성 가능한 게 사실이고요. 하지만 우리가 회사를 운영하기 위해서는 반드시 해야 하는 것이 분석이며 전문 분석까지는 아니더라도 최소한 자사의 내부분석을 진행하시고 일부 외부분석도 진행하시는 것이, 또 이를 문서화하여 남기는 것이 매우 강하게 기업 경영에 필요하며 저 역시 매우 강하고 깊게 추천드립니다.

5 신제품 개발하기

우리는 일상생활에서 불편함을 느끼면 이걸 개선하고자 다양한 아이디어를 도출합니다. 시장조사를 하면서 이러한 아이디어들이 사라지기도 하고 또는 더 개발되기도 합니다. 그럼 우리가 사업을 하기 위해서는 어떤 순서로 아이템을 개발해야 할까요? 먼저 전체적인 순서는 다음과 같습니다.

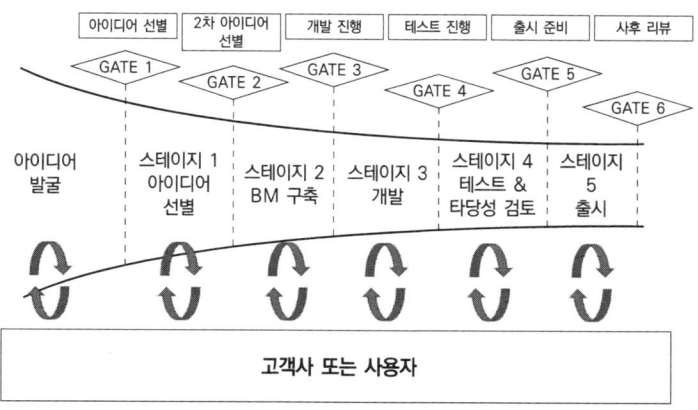

Stage Gate(로버트 G 쿠퍼 / 신제품 개발 바이블)

예를 들어서 설명드리겠습니다. 먼저 위의 도식은 기술경영 쪽에서는 매우 유명한 도식입니다. 쿠퍼 교수의 스테이지 게이트입니다. 제가 진행하는 컨설팅 중 Design Thinking 기반 기술사업화는 스테이지 게이트의 방법을 크게 벗어나지 않습니다. 다만 여기에 BM9 블록 모델이 추가되고, IDEO 대표적인 기법인 '듣기, 창작하기, 전달하기'가 추가되어 스테이지 케이트 기법이 좀 더 멋져 보이고 소비자 중심이 되는 것입니다.

1) 아이디어 발굴

우리는 수많은 아이디어를 창출합니다. 아이디어를 창출하기 전에 어떤 것을 만들지 먼저 정합니다. 어떤 것을 해야 하는지 정해지지 않아도, 제품의 개발에 대한 확고한 의지가 있으시면 브레인스토밍을 통해서 특정 아이템이 나오기도 합니다. 하지만 보통의 경우 개발자들에 의해 아이디어가 나오고 있습니다. 이 단계에 대한 예시는 실제 제가 진행했던 과제를 각색하여 설명드리겠습니다.

마스크팩 제조를 희망하시는 여성 사업자분이 계셨습니다. 마스크팩을 제조하기 위해서 직원분들과 아이디어를 발굴하게 되었습니다. 이때 나온 아이디어로는 '미백', '주름 개선', '피부 보습' 등등 다양한 아이디어가 나왔지만 확실한 핵심 기능은 나오지 않았습니다. 이유는 대부분의 기능성 화장품들은 기본적으로 제공하고 있는 기능이기에 종래의 제품과 같은 기능을 제공하면 시장에서 판매가 되지 않기 때문입니다. 추가적인 기능을 위해서 소금물, 피부 흡수에 효과 있는 화장품 구조 등을 연구하게 되었습니다. 다행히도 이런 것을 취급하는 협력사는 쉽게 찾을 수 있었습니다.

2) 아이디어 선별

아이디어 선별은 다양한 아이디어를 군집화하여 군집의 특성을 부여하고 또는 아이디어 개별로서 우선순위를 정하거나 사용할 아이디어를 정하는 구간입니다. 아이디어 선별 구간에서는 스테이지 2단계인 BM 구축에서 소비자의 Needs에 의해 변경이 될 수도 있습니다.

다양한 아이디어들을 도출하면서 많은 아이디어들이 Gate 2를 통해서 선별하게 됩니다. 선별하는 과정은 해당 팀원과 구현 가능성, 시장 파급력, 사업화 가능성 등을 다각적으로 고려하여 아이디어들을 선별합니다. 초기 스타트업의 경우 영향력 높은 분에 의해서 결정되기도 하지만 사업의 성공을 위해서는 팀원들과 최대한 많은 인원들과의 협의를 통해 결정돼야 합니다. 이때 FGI 기법 등 다양한 여론조사 기법이 적용될 수도 있습니다.

예시 기업의 경우 내부, 외부 이야기를 너무 잘 들은 케이스에 해당됩니다. 대표님은 처음 마스크팩의 여러 기능들을 다 도입하기를 희망하셨지만 화장품 원천 기술에 대해 깊은 지식이 없어서 팀원들과 협의하여 구현 가능한 기술을 자체적으로 개발하기보다는 외부에서 기술을 도입하여 진행하는 쪽으로 결정하였습니다. 다양한 외부 기술 중 아직 시장에 확장 보급되지 않은 기술인 외부 기술을 도입하기로 결정을 하고 도입 가능한 기술 중 피부 흡수에 특화되어 있는 기술을 적용하기로 하였습니다. 하지만 비용 부분에서 많은 문제가 있었고 이러한 비용을 고려하여 BM 개발에 들어갔습니다.

3) Business Model 구축

BM으로 약칭해서 불리고 있는 비즈니스 모델은 대부분의 창업자분들이 착각하고 계시는 항목 중 하나입니다. 우리는 회사를 운영하면서 비즈니스 모델이 매우 중요합니다. 하지만 매우 많은 분들이 비즈니스 모델과 수익 모델이 같다고 생각을 하십니다.

비즈니스 모델은 사업을 운영하기 위한 전략으로서, 다양한 분석 방법과 예측 방법을 동원하여 구축합니다. 하지만 초기 스타트업의 경우 이러한 방법론도 적용하기 어렵고 방법론이 있다 하여도 구현하기 어렵습니다. 그래서 등장한 것이 9블럭 모델입니다. 이 모델을 이용하면 비즈니스 모델 구축이 좀 더 원활하게 진행 가능합니다. 비즈니스 모델 9블럭은 제 블로그에 오셔서 검색하시면 다운받으실 수 있습니다. 네이버에서 '홍승민 경영컨설팅' 검색하셔서 들어오신 다음 검색하시면 됩니다.

마스크팩 제조업체는 마스크팩을 제작하여 판매를 하는 사업으로 결정을 하고 세부적인 비즈니스 모델을 구현하기로 결정하였습니다. 역시 사용한 툴은 9블럭입니다. 자세한 사항은 기록 못 하는 점을 양해 바랍니다.

4) 개발

비즈니스 모델이 나왔으면 사업의 방향성도 대부분 성립이 되었으니 빠른 개발을 통해서 시장에 빨리 출시를 해야 합니다. 개발의 경우 직접개발과 간접개발이 있습니다. 스타트업의 경우 공장의 확보가 어려워 초기 개발에 많은 어려움이 있는데 가까운 지자체를 찾으면 공장의 확보가 아닌 초기 개발을 위한 장소 제공이 가능합니다. 가까운 동사무소에 가시지 말고 인터넷에서 지역 테크노파크 또는 창조경제혁신센터를 검색하시면 됩니다. '경기테크노파크', '경기창조경제혁신센터' 이외에도 중앙정부, 지방정부별 다양한 창업지원 프로그램이 있습니다.

마스크팩 제조업체는 마스크팩을 개발하기에 앞서서 화장품에 대한 피부 테스트부터 자체적으로 진행하였습니다. 1주일간 자체 테스트를 한 결과 피부 기능 개선을 직접 경험하였고 이러한 레시피로 시장에서 통용된다는 자신감 아래 샘플용 마스크팩을 제조 완료하였으며 이를 근거로 인허가 준비를 하였습니다.

5) 테스트 타당성 검토

스테이지 게이트에서 말하는 테스트는 다양한 의미의 테스트입니다. 제품의 실제 작동 테스트일 수도 있고 소비자 반응 테스트일 수도 있습니다. 또는 제품 안전 인증 등이 해당되기도 합니다. 타당성 검토란 제품이 타당한지 안 타당한지를 돈으로 계산해 보는 것입니다. 예를 들어 100개를 생산하면 손해가 나는지 안 나는지 1,000개를 생산해야 수익이 발생하는지 발생하지 않는지 등 재무적인 타당성을 검토하는 것이지, 제품 자체의 성능적, 기능적 타당성을 검토하는 것은 아닙니다.

마스크팩 제조업체의 경우 책을 쓰는 시점에서 아직 테스트 단계는 제대로 진행하지 않았습니다. 다만 임직원분들의 피부 테스트를 직접 진행하였고, 이러한 기능이 시장에서 통할 수 있다고 내부적으로만 검토했습니다.

타당성 부분에서는 크게 어렵지가 않은 것이, 마스크팩의 제조단가가 워낙 낮아서 100% 외주 생산을 하고 유통 마진이 들어갑니다. 제품이 시장에 팔리는 일반적인 제품이어서 300원 제품과 1,000원 제품의 생산단가는 크게 차이 나지 않습니다. 비싼 제품의 경우는 포장 단계에서의 인건비 그리고 독특한 레시피를 보유한 경우, 판매 가격이 높은 경우가 있습니다.

6) 제품 출시

제품 출시 단계입니다. 제품을 출시하려면 당연하겠지만 양산이 되는 제품이어야 합니다. 소비자의 반응을 측정하고 미미하게나마 제품을 지속해서 업데이트합니다.

마스크팩 제조업체는 마스크팩의 제조를 직접하기보다는 마스크팩에 들어가는 내용물에 대한 원천 기술을 확보하고 관련 자재를 마스크팩 전문 제조업에 사급 형태로 제공하여 외주 제작하기로 하였습니다.

제품의 가격은 얼마로 해야 할까요?

　우리가 소비를 하면서 가장 민감하게 반응하는 것이 바로 가격입니다. 저를 예를 들면 공산품의 경우 가격이 거의 정해져 있지만, 마트에 가서 항상 확인하는 것이 할인을 하는지 안 하는지입니다. 저뿐만이 아닐 것입니다. 이러한 저의 생각은 일반적이어서 마트에서도 할인 제품의 경우 크게 홍보합니다.

　우리는 가격에 가장 민감하게 반응합니다. 하지만 어떤 기업들은 특히 초기 창업 기업의 경우 요식업을 포함해서 가격에 대해 너무 둔감하게 반응합니다. 그럼 민감하게 반응을 하는 것과 둔감하게 반응하는 것의 차이점은 무엇일까요? 이는 제 개인적인 기준이며 제 기준을 중심으로 말씀드리면, 제품 서비스의 가격을 시장조사를 하지 않고 결정하는 가격입니다. 대표적으로 경쟁사와의 가격과 비슷하게 책정하여 판매하는 것입니다. 물론 경쟁사의 가격과 비교를 하여 가격을 결정하는 것은 당연히 해야 하는 것이지만 처음부터 이러한 고민 없이 경쟁사 가격과 유사하게 책정해서 제품(서비스)을 출시하는 것입니다. 그러다 보니 당연히 가격 경쟁력이 없다고 봐야 하는 것이고 가격 경쟁력이 없다면 시장에서 사라집니다.

그래서 가격을 결정하는 방법에 대해서 알아보겠습니다. 대표적인 가격 결정 방법은 다음과 같습니다.

1) 원가중심 가격 결정법

① 원가 가산법

원가 가산법은 자사의 고정비와 변동비에 목표이익을 더한 다음 총생산량으로 나누어서 가격을 결정하는 기법입니다. 이를 공식으로 보면 다음과 같습니다.

> 가격 = (고정비 + 변동비 + 목표이익) / 총생산량

이해하시기 편합니다. 하지만 사실 글씨는 알아봐도 의미는 잘 모르겠습니다. 그래서 원가 가산법을 설명드리면서 동시에 용어에 대한 정의부터 하겠습니다.

항목	설명	예시
고정비	고정적으로 들어가는 비용입니다. 이는 영업활동과 상관없이 무조건 발생되는 금액입니다. 그래서 우리는 이 고정비를 최대한 줄여야 합니다.	대표적인 것이 인건비, 관리비입니다.
변동비	변하는 비용을 변동비라 합니다. 변동비를 통해서 수익률이 결정된다고 하여도 좋습니다.	대표적인 예시는 재료비입니다. 많이 생산하게 되면 당연히 변동비가 증가되고 조금 생산하면 변동비는 줄어듭니다. 그리고 재료비를 통한 원가 절감을 해야만 수익률이 개선됩니다.

항목	설명	예시
목표이익	제품을 통해서 취득하시고자 하는 총 이익을 말합니다.	'1년에 1억 이익 발생' 단기적인 목표이익이며 이러한 목표이익은 일간, 주간, 월간, 연간으로 구분됩니다.
총생산량	계획에 따른 총생산량을 말합니다.	일간, 주간, 월간, 연간 등 계획에 따른 총생산량을 말합니다.

목표이익과 총생산량의 최종 선정은 전체 생산수량 선정으로 결정할 수 있습니다. 제품을 생산하게 되면 최소 생산시설 장비로 생산할 수 있는 최대 생산량이 있습니다. 이를 통해 총생산량을 가늠하시어 그 생산량의 70~80%를 산정하시는 것이 보수적인 관점으로 긍정적입니다.

다시 본론으로 들어와서, 원가 중심의 가격 결정법의 장점과 단점에 대해 알아보겠습니다.

가장 큰 장점은 최소한 재무적인 손해는 입지 않는다는 것입니다. 반대로 단점은 전략(목표) 변경 시 내부 인력의 집중이 필요합니다. 이것이 왜 단점이냐 하면 초기 스타트업이나 중소기업의 경우 수익 목표에 맞게 가격을 변동시키는 것이 큰 어려움이기 때문입니다. 특히 생산량을 예측하는 것이 매우 어려우실 수 있습니다. 그래서 이러한 것을 극복하기 위해서는 자체적인 마케팅팀이 있어야 합니다.

② **목표투자 수익률 산정법**

원가 중심 방법 중 다른 방법인 투자 수익률 방법입니다. 예상 판매량을 기준으로 산정하는 방법인데, 이 방법은 원가 가산법에 비하여 상대적으로 더 복잡합니다. 공식으로 보면 다음과 같습니다.

> 가격 = 생산 가격[변동비 + (고정비 ÷ 예상 판매량)] +
> (투자금액 × 목표 수익률 ÷ 예상 판매량)

이유는 목표 수익률에 대한 연구가 필요하며 예상 판매량을 정확하게 측정해야 하기 때문입니다. 역시 내부에 마케팅 전담 인력이 있어야 가능한 일입니다. 하지만 전담 인력이 없더라도 실행 가능한 부분이 있습니다. 예를 들어 예상 판매량을 대략 산정하고 여기에 목표 수익률을 계산하는 방법입니다. 보다 구체적으로, 생산 가격은 자체적인 데이터를 보면 되고 투자 금액은 실제 투자한 금액을 기준으로 하며 목표 수익률을 원가 대비 약 30%만 산정합니다. 이것을 예상 판매량(1~2년)을 정해서 나누어 주면 됩니다.

'가격 = 생산 가격 + (투자금 1억 원 × 수익률 130% ÷ 5,000개 판매)' 이런 식으로 계산하시면 됩니다. 물론 이런 식으로 계산하셔도 판매 수량을 맞추시기 어렵습니다. 그래서 판매수량을 적게 잡고 수익률을 높여서 최소한의 투자금을 회수하는 방법으로 진행하시고 투자금을 회수하셨다면 수익률을 낮추시고 판매량을 늘리시면 됩니다. 이때 주의해야 할 것은 내 회사 제품의 시장가격이 흔들리므로 빠른 신제품개발이 수반돼야 합니다.

2) 경쟁자 가격 중심 결정법

경쟁자 가격 중심 결정법은 크게 모방가격 결정법과 소비자 중심 결정법이 있습니다.

① 모방가격 결정법

모방가격 결정법은 경쟁사의 가격을 보고 사용하는 결정법으로 똑같이 가격을 결정하여도 되고 다소 저가의 가격으로 가도 좋습니다. 다만 고민하셔야 할 것은 경쟁상대보다 너무 저렴하면 저가 이미지가 생기므로 이를 주의해야 합니다. 또 경쟁사가 너무 비싸다고 하여도 우리의 제품을 시세에 맞게 결정하시어 저렴하게 공급하셔도 문제가 있습니다. 품질은 같더라도 저렴하다고 다 좋은 것이 아닙니다.

다음은 제가 진행했던 사례를 중심으로 설명드리겠습니다.

본 기업은 샤워기 제조전문업체로서, 외주생산을 하는 제조업체이지만 제조원가는 3,900원이었습니다. 생산 가격이 너무 저렴해서 제가 원가를 세부적으로 다시 분석을 도와드렸는데, 3,500원으로 낮았습니다. 이런 가장 큰 이유는 샤워기 특성상 대부분 사출물이고 사출의 성형 조건이 어려운 것이 없어서 전량 중국에서 수입을 하기에 가능했으며 한국에서는 핵심 기능만 제조하여 국내에서 조립하는 중국 OEM 제품이었기 때문입니다. 문제는 가격 선정이었습니다. 경쟁사 제품의 가격을 조사하니, 대부분 비슷한 기능의 제품을 7배 이상의 가격에 판매를 하고 있었으며 그 가격이 시장 가격으로 형성되어 있었습니다. 그래서 종래의 경쟁 제품과 비슷한 가격으로 책정하고 대신 포장과 부가적인 서비스를 추가로 제공하였습니다. 추가적인 서비스가 제공된다 하여도 가격은 5,000원이 넘지 않아서 제품 판매 수익은 약 3배에 달했습니다.

  종래 마케팅 정석대로 진행한다면 신규시장 진입자로서 가격대를 저가격으로 해서 진입하는 것이 바람직해 보이지만, 특별한 기능과 서비스를 추가하여 기능적 경쟁력을 확보한 다음 경쟁 제품과 동일한 가격으로 해서 성공한 케이스입니다. 컨설팅 자체는 성공을 했지만 제가 작성하여 드린 마케팅 전략 보고서를 대표님은 활용하지 않았다고 말씀하셔서 조금 아쉽기는 하지만, 결과적으로는 성공한 케이스입니다.

② 소비자 중심 결정법

  가장 효과적인 가격 결정법입니다. 하지만 수익률은 가장 적을 것입니다. 이 방법에 특별한 기술이 있는 것이 아니라, 시장 조사를 통해 가격을 결정하되 소비자 중심으로 하는 것입니다. 특별한 방법이 있는 것이 아니라 소비자에게 설문을 통해 물어보면 됩니다.

  신제품을 개발하고 신제품에 대한 가격을 소비자에 직접 물어보는 방법의 대표적인 예시는 커피 가격이 있습니다. 국내 커피가 본격적으로 보급이 되면서 커피 가격은 음료 가격 중에서 상대적으로 비싼 음료에 속하였습니다. 그러다 커피 프랜차이즈가 본격화되면서 시장에서의 일반적인 가격은 4,000~6,000원으로 책정이 되어 있었습니다. 물론 이 가격은 매장의 임대료가 포함된 가격이었습니다. 커피를 전문적으로 취급하는 점포 중에 Take-Out 전문점의 경우 커피 가격을 종래 기업들과 동일한 가격으로 책정하기 어렵습니다. 이 때문에 소비자에 고품질의 원두와 저품질의 원두를 시음하게 한 뒤 가격을 적어서 제출하는 테스트를 진행한 기업이 있었습니다. 재미있는 것은 사실 소비자도 어떤 원두로 내린 커피가 더 맛있는지 잘 모르고 있었으며 커피의 가격은 둘 다 공통적으로 3,000원 미만이었습니다. 이러한 데이터를 근거로 하여 커피 가격은 3,000원 이하로 하고 커피 원두는 굳이 비싼 원두가 아닌 상대적으로 저렴한 원두를 사용해서 가격 경쟁력을 확보하였습니다.

이렇듯 가격은 소비자의 구매 결정에 가장 강력한 기준으로 적용됩니다. 우리는 제품의 가격을 결정할 때 너무 쉽게 결정하는 경향이 많습니다. 하지만 소비자의 행동을 분석하고 또 원가를 제대로 파악하고 가격을 책정한다면 시장에서 경쟁사 대비 상대적으로 유리한 위치에서 사업을 하실 수 있을 것입니다.

7 지식재산권 획득

　지식재산권, 쉽게 이야기해서 특허로 귀결되는 지식재산권, 영어로는 IP, 이게 뭘까요? 이게 있으면 좋은 것 같지만 이걸 어디서 어떻게 해야 할까요? 그래서 준비한 것이 특허에 대한 개념입니다. 그리고 특허 분석 마지막으로 특허 출원을 위한 정부 지원 방법을 알아보겠습니다. 당연하겠지만, 특허가 있는 고유기술과 특허가 없는 고유기술 간에는 현저한 차이가 있습니다. 일부 대표님들은 보유하신 기술이 특허를 신청하게 되면 다른 기업들이 모방한다고 특허를 꺼려 하시는 경우가 있는데, 사실 그런 케이스는 거의 없습니다. 오히려 다른 곳에서 모방이 용이하다면 그것은 고유한 기술이라기 보기 어렵습니다. 그러므로 특허 출원에 대해서 거리낌 없이 특허를 출원해야 합니다.

1) 지식재산권 종류

　지식재산권 종류는 크게 '특허권', '디자인권', '저작권', '상표권'이 있습니다. '특허권'보다 권리가 상대적으로 한정적인 것은 실용신안이 있고 그리고 이른바 '국제특허'라고 말씀하시는 것이 PCT입니다 하지만 PCT는 국제특허가 아닌 일종의 규약입니다. 그래서 지식재산권의 가장 상위 등급이 특허라고 생각하시면 됩니다.

PCT 용어 설명 이외에는 제목에서 보이듯이 어떤 의미의 권리인지 파악이 되므로 다른 방법을 통해서 확인하시는 것을 추천드리고 특허권에 대한 가장 기본적인 개념 그리고 PCT가 무엇인지 알아보겠습니다.

2) 특허권에 대한 기본 개념

특허의 권리 범위는 나라에 귀속이 되는 특성이 있습니다. 하지만 출원 시에는 출원한 해당 국가를 포함해서 특허권이 있는 모든 나라의 특허를 분석하게 되어 있습니다. 이것이 말해 주는 의미는 특허를 출원하게 되면 특허 권리가 영향을 주는 나라는 지정국에 해당되고 이 지정국은 출원자가 해당 국가에 직접 출원서를 제출하는 것을 의미합니다. 그래서 우리가 흔히 말하는 특허는 '한국'에서만 영향력이 있습니다. 우리가 기술개발 과정에서 한국에 특허를 획득하고 중국이나 일본에 같은 특허를 보유하고 있지 않으면, 동일한 기술을 중국이나 일본에서 사용할 수 있습니다. 다소 기술 침해라고 생각하실 수 있는데, 이것은 불법이 아닙니다. 왜냐하면 출원인이 중국이나 일본에 특허를 신청하지 않았기 때문입니다. 그렇기 때문에 특허 권리를 주장하기 위해서는 해당 국가에 특허를 따로 신청해야 합니다. 그리고 자국에 특허를 출원하고 1년 안에 다른 국가에서 진행하셔야 합니다.

3) PCT

PCT는 '특허협력조약(Patent Cooperation Treaty)'의 영문약자입니다. 이 방법을 통해서 해외 특허 출원 시 절차를 간소화하는 것입니다.

하지만 일부 극히 일부 사람들이 PCT 출원을 가지고 국제특허 획득을 하였다고 하시면서 영업적으로 활용을 하시는 분들이 많이 계시는데, 그것은 영업적인 활용이 아닌 상대방을 기만하는 행위입니다. 상대방을 기만해서 본인이 어떠한 이익을 창출하실 계획이시라면, 죄송하지만 저랑은 멀리 지내시는 것이 좋습니다. 이렇듯 우리는 PCT를 매우 크게 착각하고 있습니다.

PCT 출원 설명을 위해서는 먼저 국내 출원을 하셔야 합니다. 국내에서 특허를 출원하고 1년 안에 권리 주장이 필요로 하시는 국가에 특허를 출원하시는 것입니다. 그럼 1년이라는 시간이 매우 짧습니다. 우리 스타트업의 경우 대부분 해외기술조사에 대해 미숙할뿐더러 이보다 더 어려운 해외 특허 조사를 우리가 하기 어렵기 때문입니다. 그래서 PCT를 신청하게 되면 1년(12개월)이 아닌 2년 6개월(30개월)까지 연장이 가능합니다. 다시 말씀드리면 특허를 출원하면서 PCT로 출원을 하게 되면, PCT가 등록되고 난 다음 30개월간은 협약을 맺은 국가에 특허를 출원하게 될 때 시간을 벌 수 있는 것입니다. 그리고 당연하게도 특허에 대한 우선권이 있는 것이고 역시 동시에 여러 곳에서 한 번에 진행 가능하십니다.

4) 특허의 목적

우리가 특허를 등록하는 본래의 의미는 우리 기술의 배타적인 권리를 위해서입니다. 쉽게 생각해서 남이 못 쓰게 하려고 특허를 신청합니다. 하지만 특허의 실제 활용은 본래의 특허 목적과 너무 멉니다. 그래서 제가 생각하는 특허의 목적은 다음과 같습니다.

① 영업적 활용방법

우리가 특허 출원을 생각하게 되면서 주위에서 특허를 활용하는 방법을 관찰하게 됩니다. 특허가 있는 기업이라면 대부분 이 특허를 영업적 방법으로 활용을 하십니다. 어떤 의미냐 하면, 특허는 곧 자사의 고유한 기술이고 '타인으로부터 배타적 권리가 성립되므로 우리는 기술적으로 우수한 기업이다'라는 이미지가 형성되는 것입니다. 이런 목적으로 영업적 활용이 가능하십니다. 제 경험에 의하면 현대의 기술은 대부분 고도로 발달이 되었기에, 조금만 모방을 하고 다른 방향으로 생각을 하면 특허가 나올 수 있습니다. 하지만 이러한 것은 해당 분야의 전문가들에 의해서 나오는 것이니 너무 걱정할 것은 없고 이러한 특허를 영업적으로 활용한다면 상당 부분 유리할 것입니다. 영업적 활용 방법에 대해서는 추가적인 설명이 필요 없을 것 같습니다.

② 기술 침해 소송 시 보호 방법

제가 재직 시절 직접 경험한 사항입니다. 제가 다니던 회사는 독자적인 기술을 보유하고 있는 기술 중심의 회사였습니다. 하지만 특허는 보유하고 있지 않았습니다. 그리고 특허를 출원하게 되면서 경쟁사에 어떤 특허가 있는지 알 수 있었기도 합니다. 그래서 경쟁사의 특허를 피해서 자사의 특허를 개발 완료하였습니다. 그리고 시장에 제품을 출시하여 성과가 나올 때쯤 경쟁사로부터 특허 침해 소송을 당했습니다. 처음에는 이런 것들이 소송의 형태가 아니고 내용증명 같은 공문의 형식으로 오게 돼서, 처음부터 당황해하지는 않았고 바로 변리사와 변호사를 만나서 준비를 했습니다. 결과는, 지금도 제 전 직장은 해당 기술로 영업을 하고 있습니다. 그럼 깊게 생각해 봐야 할 것이, 직전 직장의 그 핵심 기술은 자사의 고유 기술이라고 주장할 수 있느냐? 입니다. 개인적인 생각으로는 고유의 기술이라고 주장하기가 조금 애매합니다. 기술 자체는 독특하고 일부 기술자들만 가능한 기술이었으며 다른 산업 분야에도 유사한 기술이 존재합니다. 결코 전 직장의 고유한 기술이 아닙니다. 하지만 소송에서 이길 수(이기기보다는 없었던 일로) 있었던 배경에는 자체 특허 보유가 꽤 큰 역할을 했습니다. 이렇듯 특허를 보유하고 있으면 거대한 기업으로부터 기술 침해 소송 시 상당 부분 유리한 고지에 있을 수 있습니다.

③ 정부 지원사업 신청용

제가 가장 많이 사용하는 방법입니다. 정부 지원사업을 신청하게 될 때 정부(평가위원)에서 바라보는 관점은 고유의 기술인가 아니면 경쟁사의 기술을 모방하였는가입니다. 앞서서 말씀드린 대로, 대부분의 기술이 중복이 되고 의지와 상관없이 모방이 될 수 있습니다. 그래서 이러한 특허를 보유하고 있으면 더 이상 '모방'이라고 말하기 어렵습니다. 반대로 특허가 없다면 '모방'이라고 이야기를 할 수 있는 것입니다. 정부 지원사업이라면 꼭 개발사업이 아니더라도 특허를 필수로 보유한 것이 상당 부분 유리합니다.

④ **특허비용과 활용 방법**

아마 스타트업을 하시는 대부분의 분들이 이 부분을 가장 궁금해하실 것이라 생각합니다. 특허 등록까지 아무런 문제가 없다면 약 150만 원이 발생합니다. 이것밖에 안 들어? 라고 생각하실 것인데 아무런 문제가 없는 경우에 해당되고 보통의 비용을 확인해 보면 다음과 같습니다.

	선행기술 분석	출원서 작성	출원 등록	보정 신청	특허 등록
자가	-	-	50,000	10,000	200,000
변리사	~3,000,000	1,500,000	-	500,000	300,000

※ 이해를 돕기 위해 만 원 단위로 사사오입해서 작성했습니다.

자가출원과 변리사 출원 시 확실한 비용 차이가 보이시나요? 변리사 사무실을 이용하면 출원서 작성비용으로 등록료 정도는 대납해 줍니다. 그리고 특허 등록료를 대납하게 되면 변리사 사무실의 수수료가 붙어서 대략적으로 30만 원 정도라고 생각하시면 좋을 것 같습니다.

조심스레 제안드리는 것은, 선행기술 분석은 직접 하시는 것이 특허 출원 비용을 많이 절약합니다. 이런 과정 없이 출원서를 작성해도 좋지만, 변리사 입장에서는 이런저런 기술이 중복될 것 같은데 선행기술을 조사해야 한다고 합니다. 당연한 것이지만 스타트업 입장에서는 비용이 비싸니 직접 선행기술을 조사해서 어느 정도 가이드를 잡고 변리사 사무실을 찾아가는 것이 좋습니다. 그리고 출원서 작성을 직접 하시는 경우가 많은데, 저는 직접 작성을 추천드리지 않습니다. 처음 출원을 하시게 되면 변리사 사무실을 이용하시는 것이 몇 배 더 바람직합니다.

그럼 선행기술조사는 어디서 하는지 설명해 드리면, '키프리스' 인터넷에서 키프리스 검색하시면 특허 등록된 것들 전부 조사가 가능합니다. 각종 키워드를 중심으로 개발하시고자 하는 기술에 대해서 선행조사하시면 어느 정도 가이드가 나옵니다.

키프리스 사용법은 우리가 흔히 사용하는 네이버나 다음처럼 포털 식으로 검색하는 방법이 있으니 별도로 키프리스 사용방법에 대해서는 설명드리지 않겠습니다.

Episode 3

경영 상담사례: 생활용품 제조 스타트업 기업

경기도 부천에 위치한 생활용품 제조 스타트업 사례입니다.

① 창업의 기회 포착

음악만 10년 이상 하시던 분으로 제조에 관해서는 아무런 지식이 없으셨습니다. 그러나 평상시 생활 아이디어를 메모해 두었다가 아이디어 중 일부 아이디어는 실제 제품으로 구현까지 하는 취미가 있으셨습니다. 그런 아이디어 제품 중 하나를 3D 프린팅으로 워킹목업을 만들어 구현하였으며 직접 소비자에게 접근하여 시장성을 확인하였습니다.

② 초기 창업자의 어려움

본 기업에 제가 진행한 것은 마케팅 전략입니다. 제가 경험한 엔지니어 출신의 창업자분과는 다르게 처음부터 소비자 중심으로 아이디어가 나왔으며 대표님 나름대로의 소비자 검증을 통해서 제품이 출시되어, 초기 마케팅 전략보다는 중장기 전략에 가깝게 진행이 되었습니다. 또 초기 마케팅 전략을 실행하기에 앞서서, 초기 사업비를 상당 부분 제품 생산에 투입을 해서 초기 물량 3,000개 자재가 확보되었으나 판매에 대한 방법론만 있는 상태여서 초기 운영자금 확보도 필요했습니다.

③ 멘토링 시작

멘토링을 진행하면서 초기 창업 멤버 중 한 분은 제품 출시 전 헤어지게 되었습니다. 자세한 이야기는 하지 않았지만, 의견 충돌로 인한 다툼으로 생각이 되며 재무적인 문제(투자금)가 해결되어 초기 창업 시 심리적 타격 이외에는 없었습니다.

재무적 문제가 좀 더 압박이 되어 멘토링 중간, 정부 대출 지원사업을 안내해 드리고 마케팅 비용 확보를 위해 사업계획서를 작성하여 드렸으며 둘 다 선정이 되었지만 결과적으로 둘 다 수행하지 못하였습니다. 못한 이유는 지원이 확정되고 나서 협약을 진행하기 전 '개인정보조회'를 진행한 결과, 과거 자동차세 납부와 자동차세 범칙금 납부를 하지 않은 사실이 나와 정부 지원사업의 결격 사유가 나왔기 때문입니다.

④ 중장기 마케팅 전략 수립

대표님께서 마케팅에 대한 욕심은 매우 높았습니다. 이를 구체적으로 체계화하지 못하였지만, 소비자를 바라보는 관점에서 제품이 탄생되었으며 음악 생활을 오래 하다 보니 주위에 소위 '끼' 많은 분들로부터 소비자에게 다가가기 위한 다양한 방법에 대해서 직접 학습하였습니다. 그리고 실제 홍보물의 대부분을 직접 제작 진행하였습니다. 이런 결과는 시장에서 통하게 되었으며 초기 물량 3,000개가 부족한 사태가 발생되었고 급하게 추가 물량을 생산하는 일도 발생하였습니다. 하지만 아이디어가 단순 생활 아이디어이므로 추가적인 아이템이 필요했습니다.

이러한 추가적인 아이템 중심으로 사업을 확장해 나가고 어떠한 방법론을 중심으로 신제품을 추가해야 하는지 등을 중심으로 중장기 마케팅 전략 수립을 멘토링하였습니다.

⑤ 컨설팅 이후

컨설팅 진행 과정에서 발생된 일부 부속물을 활용하셔서 세금 및 벌금을 납부 완료하시고 난 다음 다양한 정부 지원사업을 신청하여서 정부 지원금 일부를 획득하셨습니다.

현재 독자적인 판매 사이트를 구축하셨지만, 아직 온라인상 스마트스토어 중심으로 판매가 진행되고 있으며 초기 제안해 드린 방법으로 아이템을 추가 확장하고 계신 것을 확인하였습니다.

⑥ 시사점

제품을 개발하는 과정에서 소비자의 반응을 직접 눈으로 확인하면서 제품이 탄생되었습니다. 어떤 분들은 이러한 과정이 없이 운이 좋아서 창업에 성공했다고 표현하시는 분들도 계십니다. 하지만 우리는 이런 운을 기다릴 수 없습니다. 그러기에 좀 더 소비자에 다가가고 그들의 어려움을 해소해 준다면 비록 그 시장 규모가 작다고 하여도 충분히 매출을 올릴 수 있습니다.

4장

사업을 위한
자본금 확보 방법

초기 자본금의 규모와 자본금 운영 방법, 창업비용 계산하기

우리가 사업을 하면서 초기 자본금을 많이 고민하십니다. 일부 스타트업의 경우 '0원'에서 시작하여 성공하는 경우를 보았는데 세상에 그런 것은 없습니다. 왜냐하면, 대표자의 시간과 노력을 당연하게도 돈으로 환산해야 하니 말입니다. 하지만 이런 것을 알고자 함이 아니고 실제 내 노동력 이외의 자본금에 대해서 고민하셔야 할 것입니다.

제가 사업을 직접 여러 가지 운영을 하고 컨설팅을 하면서 경험에 의해 나온 결과는 제품(서비스를 포함하여)의 초기 생산 단위 비용의 3배입니다. 이러한 저의 경험은 어떤 논리가 있기보다는 경험에 기반한 약간의 계산식에 의한 결과입니다.

> 초기 판매를 위한 생산비용 + 판매를 위한 홍보비용 +
> 생산 판매 관리를 위한 관리비용

각 100%씩 할당해서 생산 단위비용의 3배를 지칭한 것입니다. 제가 실제로 운영을 해 보니 홍보 이용이 가장 높아야 하지만, 생산을 하게 되면 최소한의 물량(MOQ: Minimum Of Quantity)이라는 것이 있어서 이 금액을 맞추기 위해 자금을 모으다 보면 홍보비나 관리비 특히 관리비가 구멍 나기 쉽습니다. 그래서 3배를 주장하는 것입니다.

그럼 우리는 (서비스 업종을 제외한) 초기 자본금을 얼마로 해야 할까요? 다음 표를 보겠습니다.

항목	설명
개발비	제품을 개발하는 개발 재료비를 포함한 비용
개발 인건비	개발하는 인력의 인건비
시작품 제작비	실제 제품에 가까운 시작 제품 제작비용
시작품 제작 인건비	시작품 제작에 필요한 인건비
생산 재료비	초기 생산을 위한 생산 재료비 및 금형비
생산 인건비	생산을 위한 최소한의 인건비
인증비용	각종 인허가 취득을 위한 인증비용
홍보비용	제품 홍보를 위한 홍보비용
사무실, 공장 운영비용	사무실, 공장 등 운영을 위한 운영비용

이 항목들은 가장 일반적인 비용들에 대해서 확인한 것입니다. 이외에도 수많은 비용이 있습니다. 하지만 초기 사업 준비를 하시면서 디테일한 재무 계획을 수립하지 않은 상태에서 시작하기 때문에 이와 같이 분석을 하신다고 할 경우 세부적인 분석에 해당됩니다. 하지만 초기 사업계획을 러프한 수준에서 산정하실 때 이와 같이 많은 수의 요인들을 계산하면 어렵고 복잡하므로, 이러한 복잡한 것을 쉽게 해결하기 위해서 초기 생산비용의 3배를 말씀드렸습니다.

그럼 생산비용은 계산하는 방법에 따라서 다양하므로 생산비용을 빼고 홍보비용과 관리비용을 부연해서 설명드리면, 홍보비용은 제품 판매를 목적으로 합니다. 제품 생산에 3,000만 원이 발생하셨으면 홍보에도 최소 3,000만 원은 확보하셔야 합니다. 하지만 홍보는 우리가 눈에 보이지 않는 비용으로 생각을 해서 최소한의 홍보비용만 마련하시는 대표님들을 매우 빈번하게 만나고 있습니다. 그래서 말씀드리는 것이, 우리는 이 홍보비 3,000만 원에 대해서 구체적으로 고민해 봐야 합니다. 생산단가가 낮은 제품들은 상대적으로 경쟁사의 진입이 매우 용이합니다. 반대로 생산단가가 높은 것은 경쟁사의 진입이 어렵습니다. 그리고 우리는 대부분 생산단가가 낮은 제품들을 만들고 있습니다. 역시 우리의 제품이 독특한 부분이 있다 하여도 누군가는 금방 모방을 하게 됩니다. 그럼 이러한 불안함을 극복하는 방법은 무엇이 있을까요? 바로 시장 내 독보적인 위치에 오르는 것입니다.

  하지만 이런 말은 아무나 할 수 있습니다. '브랜드 가치를 올려라', '나만의 무기를 만들어라' 등등 아무나 떠드는 그런 사람들이 멘토라고 강의하고 멘토링하는 것을 보고 있으면 대한민국의 창업 현실이 암담하구나 하는 생각이 들면서 무거운 책임감이 들게 됩니다. 조금 더 말씀드리면, 우리가 시장에 진입을 해서 경쟁자가 많던 적던 우리의 가치를 올리는 작업을 해야 하는데 우리의 가치를 올리는 방법은 절대적인 시간과 노력 그리고 비용이 발생합니다. 하지만 그럼에도 불구하고 우리는 무조건 해야 합니다.

  그럼 다시 제가 말씀드리는 개발 비용과 최소한 1:1 수준의 비용으로 홍보비용을 준비하고 창업을 하라는 말씀을 드리는 이유는 제품의 인지도, 즉 브랜딩 구축 과정은 사용하는 홍보비용에 비례하여 올라가게 되며 그 올라가는 것은 언제 완성될지 아무도 모릅니다. 하지만 이른바

'티핑포인트'로 인해서 폭발적으로 제품이 알려지기 위해서는 가장 기본이 되는 바닥이 준비가 돼야 하고 이러한 준비 작업이 지속적으로 돼야 특정 시점에서 폭발하게 됩니다. 제품의 속성에 따라 마케팅 전략방향이 달라지므로 어떤 방법으로 비용을 집행하라고 명명하지는 못하지만, 만약 데이터 관리에 조금이라도 익숙하신 분들의 경우 주 단위, 초 단타 마케팅 모니터링을 통하여 소비자들이 반응하는 방법으로 진행하는 것이 요즘의 마케팅 트렌드입니다.

관리비용은 인건비를 포함하여 기본 6개월의 유지비용이 필요합니다. 우리는 제품을 출시하고 홍보를 하면서 수많은 사람들에게 우리의 제품이 노출되고 동시에 기업이 노출됩니다. 하지만 홍보를 시작하고 나면 초반에는 매출이 오르지 않기에 최소 6개월은 버티면서 지속적으로 홍보를 해야 합니다. 이렇게 홍보를 지속하게 되면 특별한 문제가 있는 제품이 아닌 경우 1년이 지나고 나서는 제품이 목적하신 방향으로 판매되기 시작합니다.

이미 창업을 하셔서 홍보도 하고 계시는 분들이시라면 제 주장이 크게 의미 없다고 판단하실 수도 있습니다. 홍보를 했는데 효과적이지 않았기 때문입니다. 제가 단언하여 말씀을 드리면, 홍보해도 효과가 없다고 말씀하시는 분들의 대부분은 마케팅 전략이 없습니다. 마케팅 전략이 없다 보니 홍보의 방향성이 없고 마케팅 실행 계획에 대한 세부적인 달성 지표도 없습니다. 그렇기에 홍보를 해도 효과가 없는 것입니다. 또기 창업하신 분 중 1인 창업을 많이 하시는 경우가 많은데 개인적으로 1

인 창업은 반대를 합니다. 창업의 대표는 대부분의 것을 하시지만 모든 것에 전문가도 아니시고 또 실수도 있기 때문입니다. 하지만 직원을 고용하시면 이러한 문제를 쉽게 해결하실 수 있습니다. 그래서 저는 반드시 직원을 고용하셔서 팀 창업을 하셔야 한다고 말씀드립니다. 1인 창업이 가능한 부분은 독보적인 기술이 있어서 기술 중심의 서비스를 제공하게 되는 경우를 제외하고는 팀 창업을 추천합니다. 그럼 역시 고민을 하셔야 할 것이 '팀원을 고용하기에는 그리고 사무실을 운영하기에는 더불어 홍보비용에 그렇게 많이 투자하기에는 비용이 넉넉하지 않습니다. 더불어 제품을 출시하는 시점이라는 것이 있고 타이밍이라는 것이 있어서 일단 1인 창업을 해서 매출이 발생되면 즉시 직원도 고용하고 홍보비용도 늘릴 예정입니다'라는 분들이 상당수가 되십니다. 이런 이유로 창업 후 폐업률이 높은 것입니다. 사업에 타이밍은 없습니다. 타이밍은 내가 준비되었을 때 오는 것이 타이밍입니다. 역시 준비라 하면 충분한 자금이 상당 부분을 차지합니다. 준비가 되지 않았으면 창업하지 마십시오.

그럼 우리는 자본금의 규모를 확인하였으니 이 자본금을 어떤 식으로 확보해야 할까요? 대표적인 것이 대표자의 초기 현금입니다. 그리고 대출이 있습니다. 이때 대출은 일반 은행 대출이 아닌 신용보증과 기술보증을 이용한 정부 지원 대출을 통하여 재료비와 운영비를 확보하셔야 합니다. 신보, 기보 자금을 신청하게 되면 최소한의 사업계획서를 작성하게 되고 최소한의 운영비용 홍보비용을 계산하게 됩니다. 그런 자금 부분의 계산을 대충 하시지 마시고 1:1:1로 매우 구체적으로 잡아서 작성하시기를 부탁드립니다.

2 첫 대출은 정부 지원

너무 당연합니다. 첫 대출은 정부 지원 대출입니다. 하지만 우리가 사업을 하다 보면 다양한 정보를 통해서 첫 대출부터 정부 지원 대출을 하지 않는 경우가 매우 많습니다. 저는 재무 전문 컨설턴트가 아니지만, 우리 창업자분들이 쉽게 접하시는 보험사나 아니면 성공 보수를 요구하면서 대출컨설팅을 해 주는, 소위 말해서 정부에서 권장하지 않는 대출을 권유하시는 분들보다는 실력이 좋다고 생각합니다. 본 글이 다소 공격적이라고 느껴지시는 현업의 대출 컨설턴트분들은 합법적이고 정부에서 권장하는 사업으로 대출 컨설팅을 하십시오.

우리 대표님들이 사업을 운영하시면서 운영자금이나 시설자금의 필요성을 항상 느끼시는데, 처음 대출할 때 은행에 가서 하시는 것을 너무 많이 봐서 그렇습니다. 그래서 제가 기보, 신보의 대출을 말씀드리는 것입니다.

그럼 고민하셔야 하는 것이, '나도 기보, 신보 자금 아는데'입니다. 하지만 우리 대표님들이 직접 기보, 신보 자금 신청하는 것은 너무 어렵다고 생각해서서 컨설턴트를 만나서 일들을 진행하십니다. 또는 은행에 바로 가서 상담을 신청하시는 경우도 있습니다. 여기에서 우리가 고민을 해야 하는 것들이 과연 내 한도는 얼마나 나올까? 그리고 그 한도를 만들기 위해서는 어떠한 노력을 해야 하는가? 등이 되겠습니다. 이러한 고민과 어려움을 해결하기 위해서 컨설턴트를 찾고 계시는데, 불법적인 것 말고 먼저 말씀드리는 것은 가까운 한국경영기술지도사회를 찾아 주시면 필요로 하시는 그런 컨설팅을 정부 지원으로 해결하여 드립니다.

우리가 대출을 하게 되면 기본적으로 담보 물건이 있어야 합니다. 담보 물건은 반드시 있어야 하며 상황에 따라 이 담보를 사용할지 안 할지는 대출을 승인해 주는 기관에서 판단합니다. 그리고 매출이 일정 부분 나와야 하며, 기보의 경우 특허도 있어야 합니다. 이것을 정리하면 다음과 같습니다.

	내용
1	담보 물건
2	매출
3	특허

담보 물건은 생각하시는 그런 담보 물건이 맞습니다. 다만 기업의 경우 부동산에 들어가는 것이 건물도 있고 땅도 있지만 시설물도 있습니다. 예를 들어서 제조를 하는 기업이 제조를 위한 장비를 구입하기 위한 시설비가 필요하다면 그 시설을 구입하기 위한 계약서가 있을 것이고, 그 장비를 이용하여 제작하시려는 제품 그리고 판매 계획이 있으셔야 합니다.

두 번째로는 매출이 일정 부분 나와 줘야 하는데, 사실 스타트업의 경우 매출이 많이 나오지 않습니다. 매출이 많이 나오고 있다면 대출 받기가 매우 편하기 때문입니다. 그리고 우리가 대출을 받는 목적은 매출을 일으키려고 받는 것이기 때문에 어떻게 보면 앞뒤가 맞지 않습니다. 그래서 자금대출을 받으면 이 대출받은 금액으로 어떻게 매출을 발생시키실지 사업화 계획이 있어야 합니다.

세 번째가 특허 부분인데, 특허는 없는 것보다는 있는 것이 당연히 좋겠습니다. 그리고 특허가 있다면 이 특허를 이용하여 기술성 분석이 끝나면 그 기술성을 기준으로 대출이 진행됩니다.

비록 앞서 언급은 하지 않았지만, 기업부설연구소라던가 기타 각종 인증이 있으면 대출 진행 시 참고가 되기는 합니다.

여기까지는 아무나 하는 말이고, 사실 사업계획서가 주를 이룹니다. 장비를 사는 데 소요되는 자금이 10억이라고 하면 10억을 대출해 주지 않습니다. 이 장비를 통해서 즉 10억을 투자해서 1년에 얼마를 벌 수 있나? 그 버는 비용은 이자를 낼 수 있는가? 원금을 제때 갚을 수 있는가? 등이 조사돼야 합니다. 이자 보상비율, 자기자본 회전비율, 우리는 이런 것을 잘 작성하지 못합니다. 그래서 어려운 것이고요. 저는 이런 것을 설명드리기 위해서 앞서 설명을 나열한 것입니다.

먼저 자기자본 회전율을 알아보겠습니다. 자기자본 회전율이란, 전체 매출에 대해서 자기자본이 몇 바퀴이냐? 그리고 이러한 회전율을 유사한 회사와 비교하여 양호하냐 양호하지 않느냐를 봅니다. 그럼 자기자본은 무엇이냐 하면, 재무제표(합계시산표)를 기준으로 말씀드리면 '총자산- 부채 = 자기자본', 즉 이 자기자본을 얼마나 많이 회전시켰느냐가 결국 회사의 영업 활성화 정도를 말해 주는 지표입니다. 그러니 당연하게도 많이 회전시키면 유리합니다.

다음으로는 이자 보상비율을 알아보겠습니다. 이자 보상비율은 부채에 대한 이자가 얼마이며 이 이자를 잘 내는지 못 내는지를 알려 주는 척도입니다. 이자 보상비율은 '영업이익 ÷ 이자'입니다. 영업이익이 높으면 당연히 이자를 잘 내지 않습니까?

여기에는 설명하지 않았지만 당연하게도 매출액도 상승하는 그래프여야 하고 수익률도 예쁜 지표를 보여 줘야 합니다. 하지만 말씀드린 경우가 부족한 경우가 많습니다. 특히 초기 창업기업의 경우 위와 같은 자료가 나오기 어렵습니다. 나온다 하여도 예쁘지가 않습니다. 그래서 사업계획서를 잘 작성해야 합니다. 주요 꼭지별로 말씀드리면 다음과 같습니다.

① 기업 소개: 기업의 궁극적인 목표를 설명합니다. 우리는 어떤 사업을 하고 있고, 우리의 엔지니어들 영업 인력들은 어느 정도 수준이고, 비록 지금 매출이 낮다 하더라도 우리는 얼마의 목표 매출을 가지고 있는지를 담습니다.
② 경영철학과 경영의지: 관련한 사업에서 대표자의 지식수준을 보여 주는 지표입니다. 관련해서 아무것도 모르면 대출이 되지 않습니다.
③ 핵심기술 내용: 특허가 있으시다면 또는 특허 출원 중이시라면 그 특허를 중심으로 간단하게 설명합니다.
④ 기술의 혁신성: 다른 회사에서 제공하지 않는 기술(서비스)을 설명

하면 됩니다.
⑤ 기술의 차별성: 경쟁사를 얼마나 잘 분석하였느냐입니다. 경쟁사의 분석을 하셨으면 장단점 파악이 되실 것입니다.
⑥ 경쟁사 대응 방안: 이 부분은 특허 수립 계획에 대해 설명하면 됩니다. 앞의 핵심기술 내용과는 조금 다른 것이 앞의 것은 기술 중심의 대응이고 대응 방안에는 계속 특허를 출원할 거다 하는 미래 목표를 말씀하시면 됩니다.
⑦ 시장 규모: 해당 분야의 시장 규모를 파악하시고 여기에서 자사가 차지할 시장 규모를 작성하시면 됩니다.

양식이야 그때그때 다르지만 위의 내용을 다 포함하시면 신용보증기금에서 진행하는 어떠한 사업계획서라도 작성 가능하십니다.

기보의 경우 약간 달라집니다. 왜냐하면 기술보증기금이기 때문에 기술에 대해서 신보보다는 좀 더 (사실 더 깊게) 기술에 대해서 설명을 해야 합니다. 그러기 위해서는 다음과 같은 조건이 있어야 합니다.

'기업부설연구소, 특허 등록(출원), 엔지니어의 경력 학력'

처음부터 많이 다르겠습니다. 위 언급한 조건 3가지가 기본입니다. 선택의 여지가 없습니다. 이런 조건을 전제로 기존 개발 실적이 있으시면 좋습니다. 증빙하지 못한다 하시면 이런 것을 개발해 봤다고 표현하셔야 합니다.

① 개발 제품: 개발 제품에 대해 간단하게 설명합니다.
② 개발 예정 기간: 개발 기간을 설정하시는데 1년 미만으로 하시는 게 좋습니다. (산업 분야마다 다름)
③ 개발 소요자금: 개발에 필요한 총자금을 설정하셔야 합니다.
④ 제품화 여부: 당연하게도 개발 제품은 제품화가 된 것이 아닌 다른 제품이 있는지 없는지, 없다면 개발 제품에 대해 제품화 계획이 있으셔야 합니다.
⑤ 권리 부분: 특허를 말합니다.
⑥ 기술 내용: 여기부터 대표님이 생각하고 계신 개발 내용이 들어갑니다. 개조식처럼 단락으로 작성하셔도 좋습니다.
⑦ 개발 방법: 굳이 개발 방법은 제가 설명 안 드려도 될 것 같습니다.

짧게 설명해 드렸지만, 기업부설연구소를 직접 운영하신다면 아마 작성하기 쉬우실 것입니다. 만약에 직접 운영을 하지 않으신다면 지금부터라도 체계적으로 기술 개발에 대해서 생각하셔야 합니다. 그리고 만약 기술 중심의 기업이 아님에도 기보를 신청하신다면 특허를 보유하시어 특허 중심으로 구체적으로 사업화 계획을 작성하시면 됩니다.

정리를 하자면 첫 대출은 무조건 정부 지원 대출로 하셔야 하며, 정부 대출을 위해서 조건들에 대해 간단하게 알아보았으며, 사업계획서 작성에 대해서 조금 알아보았습니다. 가장 확실한 방법은 가까운 신보나 기보 사무실에 방문하시어 상담하시면 더 좋습니다.

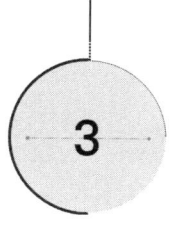

정부 지원사업, 그것이 알고 싶다
창업지원 받는 방법

누구나 전부, 정부 지원을 받아서 창업을 희망하십니다. 그리고 정부 지원이 없으면 창업을 안 하시려는 분도 계십니다. 정부 지원 없이 창업이 안 되시는 분들을 대상으로 본 글을 작성하지는 않았습니다. 그만큼 누구나 다 지원을 하는 것이 정부 지원사업입니다.

그럼 누구나 다 신청을 하지만, 누구나 다 지원을 받지 않습니다. 보통의 경우 여러 번 탈락을 하시다 포기하시는 경우도 많고 이러한 경험을 통해서 지원 결정을 받으신 분들도 많이 계십니다. 하지만 주위를 보면 정부 지원을 아주 쉽게 받는 분들이 계십니다. 정부 지원을 어렵게 받고 매우 쉽게 받고 이 둘은 어떤 차이가 있을까요? 가장 쉽고 편한 방법부터 말씀드리면, 저와 같은 경영지도사를 찾아 주십시오. 전문가를 만나면 상대적으로 쉽고 빠르게 정부 지원을 받으실 수 있습니다. 지금 가까운 경영기술지도사협회에 연락하면 친절하게 상담해 드립니다. 그리고 경영지도사가 아니면 그냥 만나지 마십시오. 경영지도사가 아닌 분들이 지원사업을 알선하였다가 실패하면 어디 가서 보상도 못 받습니다. 경영지도사가 아니면 절대 받지 마십시오.

창업지원을 받는 방법의 가장 쉬운 방법으로 경영지도사를 만나라고 했는데, 경영지도사는 컨설팅을 정부 지원으로 해 줄 수 있습니다. 무슨 말이냐 하면 컨설팅 받는 것도 정부 지원으로 받으실 수 있습니다. 그러니 기업에서 부담이 굉장히 적게 들어갑니다. 보통 스타트업이라면 컨설팅 비용의 10% 정도 비용이면 충분하게 컨설팅을 받으실 수 있습니다. 예를 들어 1,000만 원 견적이 나오면 100만 원만 부담하시면 됩니다. 그렇기에 가장 빠르고 쉬운 방법을 알려드렸습니다.

그럼 지금부터 직접 신청하는 정부 지원사업의 핵심 중의 핵심을 말씀드립니다. 그 핵심 중의 핵심은 바로 눈높이를 낮추는 것입니다. 그리고 과연 지원받을 수 있을까 하는 자가진단을 받는 것입니다. 이 두 가지만 확실하게 개념 잡으시면 그다음은 사업계획서를 작성하는 전략적 방법론만 남아 있습니다.

1) 자가진단

정부 지원사업을 받기 위한 준비가 되어 있는지를 스스로 판단해야 합니다. 지원 결정을 위한 많은 조건들이 있지만, 그중 핵심 부분만 나열하면 다음과 같습니다.

> 기업부설연구소, 참여 인력의 전문성, 특허 보유 여부, 부채비율, 아이템의 선도성

① 기업부설연구소

대부분의 서류에 기업부설연구소 여부를 묻지는 않습니다. 이것을 물어보지 않는 이유가 당연히 기업부설연구소가 있어야 합니다. 여기에

추가로 벤처기업 인증 또는 이노비즈 인증이 있다면 더욱 유리합니다. 이러한 것은 당연히 보유해야 하는 것이기 때문에 설명드리지 않겠습니다. 하지만 예비창업자는 없어도 좋습니다.

② **참여 인력의 전문성**

멘토링을 하다 보면 상당히 많이 접하게 되는 경우가, 참여 인력의 전문성이 턱없이 부족합니다. 왜 부족하냐 하면, 개발하고자 하는 또는 창업하시는 분야에 일정 부분 전문성을 확보하신 분들이 기업의 사업 확장을 위해서 웹 기반으로 서비스를 확장하시는 경우가 매우 많은데, 대부분 우리가 해당 산업 분야에 베테랑이니 간단하게 웹으로만 옮기면 된다고 생각하시고 과제를 신청하시는데, 대부분 떨어집니다. 떨어지는 이유는 크게 두 가지가 있습니다. 하나는 정부에서는 특정 회사만을 위한 무형의 개발을 지원하지 않습니다. 그리고 다른 하나는 개발자의 전문성, 즉 자질 부족이 원인입니다. 이러한 이유는 지원하시고자 하는 것은 웹 또는 어플리케이션 기반의 사업을 지원하시는데, 해당 사업, 즉 프로그래밍 관련해서 전문적인 지식이 확보되지 않아 이를 100% 외주를 주는 방식으로 사업계획서를 작성하기 때문입니다. 이렇게 자체 개발이 아닌 외주 제작을 진행하기 위한 개발비 지원 신청은 해당 과제의 목적과 상당 부분 거리가 있습니다. 그래서 웹 기반으로 하신다면 총괄책임자가 충분한 프로그래밍 기술을 확보하셨거나 또는 무조건 관련된 직원을 확보하셔야 합니다.

③ **특허 보유**

특허가 있는 것이 당연하게도 유리합니다. 다른 기업들도 다 특허를 보유하고 있습니다. 그럼 초기 창업 기업 특히 창업하신 지 1년 미만의 기업들이 어떻게 특허를 보유한다는 것인가 하고 생각하실 수 있는데, 물론 합리적이고 논리적인 말씀이지만 다른 기업들은 전부 특허를 가지고 있습니다. 대부분 창업하시기 전에 특허를 확보하시고 일부 사업화도 달성하신 분들이 그것을 확장하기 위해서 지원하기 때문입니다. 현재 특허를 보유하고 계시지 않다면 최소한 특허출원이라도 하셔야 합니다.

④ **부채비율**

부채비율은 1,000% 넘으면 지원이 안 됩니다. 더 이상의 설명은 필요가 없습니다.

⑤ **아이템의 선도성**

아이템의 선도성이 위에 언급된 모든 것을 극복할 수도 모든 것을 극복 못 할 수도 있습니다. 이 부분은 정부 지원사업 이외에도 기업의 성공을 결정하는 부분입니다.

사업하시려는 아이템은 반드시 선도성이 있어야 합니다. 그리고 이러한 선도성은 제가 조심스럽게 말씀드리면, 기존에 없었던 것이 아니라 기존에 있었지만 기존의 것에 단점을 어떠한 식으로 보완해서 제품 또는 서비스가 나와야 합니다. 그리고 그것은 어설프게 빅 데이터, 이런 의미가 아닙니다. 실제 소비자들이 느끼는 그런 불편을 효과적으로 개선한 그런 제품 또는 서비스여야 합니다.

기존에 없었던 제품이 시장에 등장하게 된다면, 그 사업성에 대해서 간단하게 말씀드리기 매우 어렵습니다. 만약 시장 파괴적 제품이 아니시라면, 기존의 제품의 문제점을 보완해서 새로이 무언가를 만드는 그런 아이템이 시장에서 성공하기 유리합니다.

2) 눈높이

다음으로 말씀드리는 것이 눈높이입니다. 정부 지원사업을 보면 1억, 2억 이렇게 억 소리 나거나 작은 단위도 5천만 원, 3천만 원 그렇습니다. 그렇기에 이러한 자금이 있으면 기업을 운영하시는 데 큰 도움이 됩니다. 그래서 이런 사업만 지원하십니다. 그래서 떨어지고 좌절합니다. 하지만 눈높이를 낮추면 됩니다.

예를 들어 앞서 설명드린 앱 개발에 있어서, 어떤 분야에 높은 업력을 보유하시고 계신 기업이 어플로 사업을 확장하고자 하신다면 굳이 정부 지원사업이 아니어도 좋습니다. 개발하시고자 하는 프로그램의 난이도에 따라 달라지겠지만, 먼저 직접 개발을 하시게 된다면 직원을 고용하시면 됩니다. 연봉으로 계산하면 6천만 원 정도면 개발 가능합니다. 이 인건비 중에서 정부에서 고용장려금을 지급하기에 개발자금에 대한 부담이 상대적으로 덜합니다. 직접 개발하는 것이 아니라 외주를 준다면, 시작품 제작 지원사업을 신청하시면 됩니다. 자금을 지원받는다면 정말 일부 금액만 자부담으로 하시면 제작 가능하십니다. 혹시 자부담이 부담스러워서 못 하신다 하시면, 그 사업은 하시면 안 됩니다. 빨리 다른 사업으로 전환하시는 게 바람직합니다.

① 창업진흥원 과제

창업진흥원 과제는 매우 많지만, 특히 초기 창업자분들이 지원하기 좋은 사업이 많습니다. 대표적으로 '예비 창업패키지 지원사업, 초기 창업패키지 지원사업, 창업도약(성공)패키지 지원사업'이 있습니다.

창업진흥원의 지원과제의 특징은 기술성도 중요하지만 사업성이 매우 중요하다는 것입니다. 특히 창업도약패키지 지원사업의 경우 이미 수출화 실적이 확보돼야 하며, 해외로부터 많은 수주가 기대되는 기업이어야만 지원 가능합니다. 예비 창업패키지 지원사업의 경우 고용 창출이라든가 수익 모델을 중심으로 봅니다. 다음으로 초기 창업패키지 지원사업의 경우 기 확보된 사업을 어떤 식으로 비즈니스 모델을 정교하게 만들고 그리고 수익 모델을 통해서 수익이 실체화될 수 있는가 부분을 집중적으로 봅니다. 다만, 현재 수익 모델이 전부일 것이라는 착각은 하시면 안 됩니다.

② 중소벤처기업부 과제

중소벤처기업부 과제는 초기 창업기업부터 7년 미만의 스타트업 기업들이 지원할 수 있는 정부 지원사업들이 매우 다양하게 있습니다. 그리고 사실상 100% 가까이 기술개발 중심입니다. 보다 구체적으로 말씀드리면, 기술 중심의 기업이 제품을 개발하기 위한 자금을 확보하기 위해서 중소기업 기술개발 사업에 지원을 하게 됩니다. 기술을 확보하고 계시고 그 기술이 정부의 기술개발 방향과 맥이 같다면 충분히 도전할 만한 가치가 있습니다.

③ 눈높이를 낮춘 과제

위에 언급한 2가지 단체는 스타트업이 진행하기 용이한 지원사업 그리고 대표적인 지원사업에 대해서 간략하게 말씀드렸습니다. 하지만 두 가지 사업 모두 공통적으로 적용되는 것이 기술적으로 매력이 있어야 합니다.

하지만 만약 눈높이를 낮춘다면 어떤 과제들이 있을까요? 대표적인 사업이자 제가 항상 추천드리는 과제가 바로 지역에서 진행하는 기술닥터 지원사업입니다. 기술닥터 지원사업은 해당 산업 분야의 전문가가 1차 무료 컨설팅을 해 주고, 2차에는 시작품 제작지원을 최대 4,500만원까지 지원해 주는 사업입니다. 글을 작성하는 시점인 2020년의 경우 2019년도에 비하여 경쟁률이 다소 높아졌다고는 하지만, 창진원 과제나 중기부과제보다 현저하게 낮은 경쟁률을 보여 줄 것입니다. 그러므로 지원 안 할 이유가 없는 과제입니다.

이외에도 각 지방 정부별 다양하게 지원사업을 확인하실 수 있습니다. 지자체별로 지원사업이 비슷하지만 다른 부분을 본 글을 통해서 해당 지자체별 '어디어디'를 중심으로 확인해 보십시오, 라고 말씀드리기는 어렵습니다. 이유는 지원해 주는 단체도 많고 각 단체별 서로 정보도 공유하고 있지 않아서 그렇습니다. 그렇기에 지방정부 사업을 해당 지방의 테크노파크 및 산업진흥원 중심으로 지속해서 확인하셔야 합니다.

정부 지원사업을 획득하시기 위해서는 최소한의 요건이 있어야 합니다. 위에 말씀드린 최소한의 요건이 충족되신다면 정부 지원사업을 지원하셔도 좋습니다. 하지만 반드시 요건이 충족되지 않더라도 지원 안

할 이유는 없습니다. 다만 지원 시 과제 선정에 더 가까이 가기 위함을 설명해 드렸습니다. 이제 어느 정도 정부 지원 사업에 대해 정리가 되셨으면 이제 본격적인 정부 지원사업 준비를 해 보시는 것은 어떨까요?

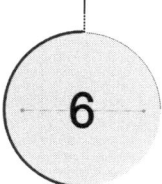

정부 지원금의 현실적인 문제들

    본 장은 앞선 장에서 다루었던 내용을 좀 더 세부적이고 직설적으로 말씀드립니다.

    우리가 창업을 하고 회사를 운영하면서 정부 지원사업에 선정이 되면 너무나도 좋습니다. 하지만 이러한 정부 지원사업은 아무나 받는 것이 아닙니다. 가장 기본적인 조건이라는 것이 있습니다. 예비창업자여도 해당됩니다.

① 특허

특허를 보유하고 계시거나 아니면 출원이라도 하셔야 합니다.

② 기술력

창업하는 분야에 기술을 확보하셔야 합니다. 아이디어만 가지고 계시고 아이디어를 구체화할 전문가 비용을 정부 지원으로 해결하시는 생각을 많이 하시는데, 지원 요건은 되나 선정되기 매우 어렵습니다.

③ 제조업

제조업 중심으로 정부 지원이 이루어집니다. 서비스 지원사업은 사실상 정부 지원을 받기가 매우 어렵습니다.

④ **팀 창업**

아이디어만 가지고 계시면서 1인 창조 기업은 지원받기 어렵습니다. 무조건 팀 창업입니다. 초기 창업은 혼자 하셔도 사업 기간 중 반드시 1명 이상 고용해야 합니다.

예비창업자시라면 이 네 가지 사항이 필수입니다. 물론 이러한 것이 해당되지 않으셔도 예비 창업 선정이 되시곤 합니다. 하지만 대다수의 예비창업자분들을 보면 이 네 가지는 필수입니다.

예비창업 또는 재창업에 선정되시고 난 다음 초기 창업 패키지 지원 사업을 많이들 생각하십니다. 예비창업에 선정이 되었으니 초기 창업 패키지도 선정되겠지? 라는 생각으로 많이들 진행하시는데, 역시 기본 조건이 있습니다.

① **특허**

이제는 특허가 있어야 합니다. 예비창업을 받고 나서도 출원 중이시라면 많이 곤란합니다.

② **기술력**

모든 기술을 대표님 혼자 못 합니다. 기술 엔지니어, 마케팅 담당 인력이 있어야 합니다.

③ 매출

매출이 매우 어렵습니다. 창업 1년 미만 기업에 매출이 얼마나 나와야 하는지 모릅니다. 구체적으로 창업 후 3년 미만 기업이 초기 창업패키지 지원사업에 신청 가능합니다. 하지만 3년이 안 된 상태에서 10억 가까운 매출 만들기는 쉽지 않습니다. 하지만 있어야 합니다.

위 현실적인 문제들은 예비창업과 초기 창업 패키지를 평가하는 평가위원 입장에서 작성되었으며 정말 기술력이 좋은 회사는 해당되지 않습니다. 하지만 우리는 종종 우리의 기술력이 뛰어나다 생각합니다. 하지만 남들 역시 뛰어납니다. 그렇기에 가장 기본적인 준비 사항들을 확인하시어 단계별 실적을 확보하고 원활하게 정부 지원사업에 선정되시기를 바랍니다.

5. 시작품 제작 지원사업 알아보기

　우리가 제품을 개발하고 판매를 하기 위해서는 반드시 시작품이 있어야 합니다. 이 시작품을 통해서 개발하고자 하는 제품의 완성도를 평가하기도 하며 또는 이 시작품을 판매하기도 합니다. 그리고 큰 규모의 제품이 아니며 상대적 소액(3,000만 원) 미만으로 제품 구현이 가능한 것들이 제법 많이 있습니다. 사업 초기 단돈 100만 원이 아쉬운 상황에서 시작품 제작 지원사업이 있다면 기업에 상당 부분 재무적 부담을 완화해 주기 때문에 매우 요긴한 지원사업입니다.

　글을 작성하는 당일, 매출이 제법 나오는 중소기업을 방문하여 시제품 제작 지원사업에 대해서 안내해 드렸습니다. 저에게는 매우 아쉬웠던 상담입니다. 이 기업에서 원하는 것은 시작품을 제작할 금형비 지원이 목적이었습니다. 제품을 생산할 때 가장 큰 비용을 차지하는 부분이 금형입니다. 금형 제작 시 비용을 절약하고자 상담 신청을 하셨으나, 아쉽게도 제가 획기적인 그리고 수진기업에 도움이 되는 상담은 못 해 드렸습니다. 금형은 매우 고가의 제품입니다. 그래서 일반적으로 금형을 제작하고 나면 그 금형은 기업의 자산으로 취급이 되어 연간 감가상각을 하거나 사용 횟수에 따라서도 감가상각이 됩니다. 즉 이러한 자산 기업의 재무적 도움을 위한 자산은 정부에서 지원해 주지 않습니다. 특정 기업의 자산 확보를 위해 정부에서 무리하게 자금을 지원해 줄 필요가 없는 것입니다. 아무리 기술이 좋고 혁신적이어도 그리고 고용 창출에서 눈에 보이는 성과가 나온다 하여도 자산매입을 위한 정부 지원사업은 존재하지 않습니다. 이런 이유로 매우 아쉬웠던 상담이었습니다.

위 기업은 생활가전을 제조 납품하는 회사로 금형을 만들면 최소 1억 원 이상 필요합니다. 하지만 금형을 제작하기 위한 재무적 상황이 좋지 않았기에 정부 지원사업 중에 개발 사업에 관심이 많았고 정부 지원사업 이외의 시작품 제작 지원사업은 지원 규모가 작아서 별로 관심이 없었습니다.

그럼 금형 제작을 위한 지원은 단 하나도 안 될까요? 됩니다. 다만 비용이 몇백만 원에서 최대 2천만 원 선이며, 2천만 원 수준의 금형 제작 지원금을 받기 위해서도 매우 높은 수준의 사업성을 보여 주어야 한다는 것입니다. 하지만 상대적으로 지원금이 적은 금형 제작 지원은 가능합니다.

만약 위의 기업이 금형 제작을 위해 발생하는 비용 총 1억 원 중 2천만 원을 정부 지원을 받고 남은 8천만 원을 자부담으로 했으면 아마 금형 제작되었을 것입니다. 하지만 해당 기업은 자부담을 투입하기를 희망하지 않으셔서 매우 아쉬웠던 상담이었습니다.

제목에서 보이듯이 우리가 착각하는 것들이 있습니다. 그것이 바로 시작품의 수준을 어디까지 봐야 하는가이며 시작품 제작 지원사업의 목적이 무엇인가를 확인하셔야 하고 마지막으로 어디에서 어떻게 지원하고 있으며 얼마를 지원하느냐가 최대 관심사일 것입니다.

먼저 시작품의 기준입니다. 시작품은 영어로 Prototype라고 하며 양산 직전 성능이나 디자인을 확인하기 위함으로 제작됩니다. 그리고 Protype 안에 목업제품이 포함됩니다. 이를 통틀어 시작품이라 명명할 수 있습니다.

전문용어는 아니지만, 업계에서 흔히 사용하는 말로 소프트 목업, 워킹 목업, 디자인 목업이 있습니다.
소프트 목업은 제품의 형상을 알아보기 위한 단순 목업을 의미하고, 워킹 목업은 일부 기능이 구현되는 목업을 말합니다. 그리고 디자인 목업은 외형적인 형상에 중심을 두고 기능 구현은 극히 일부만 되어도 됩니다. 그리고 프로토 타입이라고 할 수 있는 것은 워킹 목업 또는 소프트 목업에 주로 해당되며, 소프트 목업도 프로토 타입이라고 해도 크게 의미를 벗어나지 않습니다.

실리콘벨리를 중심으로 과거 오바마 정부 시절 페이스북의 A/B 테스트의 영향을 받아서 MVP를 활용하여 생긴 스타트업이 있습니다. MVP는 최소 실행 제품(Minimum Viable Product)의 약자로 최소한의 기능만 구현해서 시장에 빠르게 투입시키어 소비자의 반응 정도를 확인해서 최종 제품 사양을 결정하는 방법을 말합니다. 하지만 한국에서는 Prototype 제작을 MVP 제작으로 착각하시는 분들이 매우 많습니다. 아마도 제품 개발 전문가들이 아닌 비전문가들이 일부 실리콘 벨리에서 사용하는 용어를 단순하게 번역만 해서 차용하기 때문에 그런 것으로 추정됩니다. 이러한 스타트업 생태계 현상이 굳어가는 과정을 보면 '전설의 레전드'가 생각납니다. 다시 본래 이야기로 돌아와서 말씀드리고자 하는 것은 한국의 사회는 이미 초페스트 프로토 타이핑 시대에 들어선 지 20년이 넘습니다. 그러니 최소한의 시작품 제작비용만 있다면 바로 프로토 타입을 제작하시면 됩니다.

이렇게 시작품의 종류에 대해서 세부적으로 알아본 이유는 당연하게도 시작품 제작 지원사업 신청 시 어디까지 지원받을지 결정하기 위함입니다. 그럼 정부에서 지원해 주는 시작품 제작 지원사업의 범위를 알아보겠습니다. 물론 지원사업마다 다르지만, 보통의 경우 아래와 같습니다.

사업 목적: 제조 기반이 없는 중소기업의 아이디어를 온라인 기반의 제조 플랫폼을 통해 시제품으로 제작하고, 제조기술 관련 서비스를 지원하여 디자인-온라인 제조 플랫폼 산업 활성화 및 수요창출에 기여
지원 대상: 제조기반이 없고 제품 양산화를 위한 아이디어(디자인렌더링 등)를 보유한 디자인기업, 스타트업, 1인 기업 등

- 공장 등 생산 시설 미보유 기업
- 자체 브랜드 보유 기업 우대

지원 분야: 디자인 목업, 워킹 목업, QDM(소량 생산 등에 필요한 간이 금형)
지원 규모: 2020년 - 80개사(온라인 제조 서비스 시제품 제작 참여 기업)
지원 내용: 시제품 제작 건당 2,000만 원 이내(총 제작비용의 80% 이내)
※ 건당 지원 금액은 전체 예산 초과 시 감액될 수 있으며, 제작에 소요되는 비용은 온라인 플랫폼 전문기업에 지급

보통의 경우 위와 같이 시작품 제작지원을 해 주고 있습니다. 위 사업은 '한국디자인산업진흥원'에서 진행하는 중앙정부 지원사업입니다. 대부분 목업 중심으로 제작 지원 시 필요한 비용을 지원해 주고 있으며 QDM 금형까지만 지원해 주고 있습니다. (QDM 금형은 쾌속금형을 말하며 양산금형에 일부 적용될 수 있도록 제작되는 금형으로 가공성이 매우 뛰어난 금형입니다.)

지원 분야		세부 추진 과제
제품 혁신	시작품 개발	시제품(금형, 워킹 목업 등) 개발 지원
	디자인 개발	제품, 시각, 포장, 통합 디자인 개발 지원
	지식재산권 획득	국내외 신규 지식재산권 PCT 실용신안 등 지원
	제품 규격 인증 획득	국내외 신규 제품 규격 인증 지원
	기술 사업화	1. 시장정보 분석: 특허 동향, 시장 현황 등 2. 기술사업화 자율과제: 보유 기술을 이용한 제품의 개선, 개량 활동 3. 기술사업화 컨설팅 기술 이전 및 기술사업화 전문가 컨설팅
시장 개척	홍보판로 개척	기업 및 제품 홍보 동영상, 홍보 제작, 카탈로그 등
	국내외 전시회 참가	국내외 전시회 참가비용 지원

이 지원사업은 경기도에서 진행하는 기술개발 지원사업 중 일부입니다. 시작품 제작 지원사업만 지원해 주는 사업은 사실상 없다고 봐야 하며 '지원을 해 줄 것이니, 다양하게 활용하라'라고 오히려 정부 지원 상업을 활용하는 방법에 대해서 알려 주고 있습니다. 위 시작품 제작 지

원사업은 크게는 3,000만 원까지 지원해 주는 사업이었으며 작게는 1,000만 원 지원해 주는 사업이었습니다.

그럼 중앙정부와 지방정부 사업 2가지를 모두 확인하였는데, 먼저 한국디자인진흥원에서 하는 사업이 지식재산권 지원까지 지원해 주면 이게 말이 되는 사업일까요? 분명 발명진흥원이 있는데 말이죠. 그렇다면 시작품만 지원해 주는 사업은 별도로 없고 통합적인 지원을 해 주는 사업이 주된 지원사업이라고 생각하는 것이 합리적이지 않나요?

다음으로 소개해 드릴 사업은 바우처 사업입니다. 중소기업 혁신 바우처 사업으로 시작품 제작과 컨설팅을 동시에 지원하고 있습니다.

분야별	지원 프로그램		지원 내용	한도 (천 원)
컨설팅 (4개)	일반	기술 컨설팅	생산 현장에서 발생하는 공정기술상의 문제 및 애로 해결	15,000
		경영 컨설팅	인사조직, 재무, 경영체계, 환경경영, 구조개선 등	15,000
		규제 대응 컨설팅	근로시간 단축 및 화학물질 관리법 대응 등	15,000
	재기 컨설팅		별도 트랙으로 지원	-
기술지원 (6개)	시제품 제작		아이디어 및 제품성능 개선에 필요한 금형 및 시제품 제작	30,000
	기술개발 인프라 구축		공정개선 기획 및 기술개발, 정보화 구축 등	20,000

분야별	지원 프로그램	지원 내용	한도 (천 원)
기술지원 (6개)	기술 이전 및 지재권 획득	기술 이전에 필요한 기술료 지원, 지식재산권 획득 등	15,000
	규격 인증	규격인증 시험·심사 및 인증 대행 컨설팅 등	15,000
	제품 시험	제품의 성능을 측정하기 위한 시험 분석	10,000
	설계	제품개발 또는 생산 기구설계 및 3D 프린팅 설계 등	10,000
마케팅 (4개)	마케팅 및 시장조사	제품진단 및 시장성 조사 분석	10,000
	패키지디자인 개선	시장 진출 및 확대에 필요한 디자인 개발 지원	15,000
	브랜드 지원	브랜드 네이밍 및 BI·CI 개발 지원	20,000
	홍보 지원	온라인 및 오프라인 매체를 활용한 제품 홍보 지원	20,000

본 글을 쓰는 시점인 2020년 4월 기준으로 과거의 시작품 제작 지원사업과 앞으로의 시작품 제작 지원사업 트랜드가 변화하고 있습니다. 과거에는 단일 제품 생산에 한정해서 지원을 해 주었는데 현재에는 위 바우처 사업처럼 통합적으로 지원하는 방향으로 변화하고 있습니다.

Episode 4

경영 상담사례: 어플리케이션 사업

현재 직장에 다니고 있는 예비창업자 대표님은 자신의 경험을 기반으로 생활 불편형 아이디어를 고민하시고 사업 진행을 희망하셨습니다. 저와 상담을 통해서 현재는 사업 진행을 하지 않고 계셨습니다.

① 아이디어 기획

산업기계 설계 경력이 약 10년 정도 되는 예비창업자분으로 프로그램 개발에 대해서는 지식이 없지만, 가장 기본적인 개념은 있었습니다.

유아를 키우고 있었으며 유아를 키우면서 항상 아이의 옷이 크거나 작아, 아기에 딱 맞는 옷을 입히고 싶어도 어려웠습니다. 그래서 실리콘 재질의 인디게이터(지시계)를 제작 응용하며 그 인디게이터의 값을 읽어서 스마트폰 촬영을 통해 아이의 신체치수가 측정되는 어플을 생각하게 되었습니다.

② **창업 준비**

나름대로의 창업 준비를 하셨으며 창업을 위해 퇴사를 계획하고 계셨고, 초기 자본금으로 창업진흥원의 예비창업패키지 지원사업을 생각하셨습니다.

③ **멘토링 시작**

아이디어 수준에서 시작

– 아이디어 보유
– 아이디어 제품과 능력 보유

④ **상담 내용**

아이디어에 대한 충분한 대화가 오갔습니다. 그러나 아이디어에 대한 것보다 창업자의 마음가짐에 대해서 더 많은 이야기를 나누었고, 아이디어 제안자이신 예비창업자분은 현재 회사로부터 받는 스트레스가 극도에 있어서 이것을 돌파하고자 신사업을 결심하였으며 신사업을 정부지원사업으로 해결하고 싶어 하셨습니다.

먼저 정부 지원사업은 예비창업자라 하여도 아무것도 없는 사람의 단순 아이디어만 보고 지원 결정이 되지 않습니다. 추가로 개인 창업의 경우 정부 지원은 쉽지 않을 것이며 팀 창업을 해야 하는데 상담 시점에서 팀을 구축하기 어려운 조건이셨습니다.

다른 하나는, 만약 정부 지원사업을 받더라도 본 사업이 생각대로 흘러가지 않을 경우 대비책이 없었습니다. 대비책은 재무적인 것이며 현재 가장으로서 가정을 돌봐야 하는 입장이신데 재무적으로 안정적이지 않으면 안 되었기 때문입니다. 그리고 예비창업자분의 회사가 너무 좋은 회사였습니다. 결정적으로 해당 아이디어가 참신하고 구현 가능하고 보급 가능하다 생각하지만, 시장 자체의 크기가 그렇게 크지 않을 것이라 판단되어 창업이 포기된 사례입니다.

5장

별것 아니지만
고민되는 것들

1. 그냥 고민이 됩니다, 고민이

 이번 장에서 말씀드리고 싶은 사항은 우리가 회사를 경영하면서 발생되는 고민입니다. 우리는 어떤 고민들을 할까요? 정말 많은 고민들을 하게 됩니다. 하지만 대부분의 고민은 스스로 답을 알고 계십니다. 그래서 이번 장의 제목은 말 그대로 '고민이 됩니다, 고민이'이며 주어도 목적어도 없습니다. 그냥 고민입니다.

 누구나 불안하게 살아갑니다. 저 역시 불안합니다. 저의 고민을 위한 고민은 '고객을 만나기 위한 영업 방법은?', '고객에 어필할 필살 무기는?', '고객이 나를 싫어하면 어떡하지?' 등 수많은 고민을 합니다. 이러한 고민을 해결하기 위해서 일상에서 짬을 내어 글을 쓰고 있습니다. 제가 글을 쓰는 이유는 저 역시 제가 어떤 일을 잘하고 있는지 그리고 또 어떤 일을 체계적으로 해야 하는지 정리하기 위함이며 또한 이러한 정리를 통해 저의 전략적 방향성과 그리고 생각을 다시 정립하는 것에 활용할 수 있으며 나름대로의 추가적인 전문성을 확보하기 위함입니다. 그리고 그러한 대부분의 고민은 바로 전문성 확보 부분에 대해서 좀 더 고민을 위한 고민을 해 보겠습니다. 이 글을 읽으시는 예비 대표님들을 포함해서 저의 고민에 대해서 같이 생각해 보는 시간을 가져 보겠습니다. 그래서 저의 최대 고민은 저의 전문성 업그레이드입니다.

국내 유일, 경영컨설팅 전문 자격인 '경영지도사(마케팅)'를 취득하였습니다. 전문 자격이다 보니 국내에서 마케팅 관련해서는 Top급의 지식과 실행 방법에 대해서 잘 알고 있습니다. 특히 저는 기술사업화에 강점이 있습니다. 이런 제가 전문성에 대한 고민을 하게 되는 것은 경영지도사분들은 박사급 인력이 너무 많습니다. 저는 박사가 아닌 석사이기에 박사 획득에 대한 욕구가 너무 넘쳐납니다. 하지만 박사를 공부하기에는 시간도 적고 조금 겁이 난다는 생각이 듭니다. 그럼 어떻게 해야 하나? 라는 고민을 하다 '전문 서적을 쓰자'라는 생각을 하게 되었고 2018년부터 전문 서적 작성을 시작했습니다. 전문 서적(개론서)을 작성하려고 마음먹고 하나둘 준비하다 보니 장별로 읽어야 할 논문이 20여개 이상 또 추가해야 하는 논문이 최소 1개 이상 되는 사실을 확인하였습니다. 역시 전문 서적은 아무나 작성하는 게 아니구나 하는 생각을 했습니다. 이 전문 서적을 작성하기보다 박사 학위 취득이 더 **빠를** 것 같습니다.

언젠가는 전문 서적을 완성해야지 하는 목표를 가지면서 다시 고민에 **빠졌습니다**. 역시 고민을 위한 고민입니다. 전문 서적을 작성하기 어려우니 쉬운 책을 쓰자고 생각해서 《합격사례 따라하면 성공하는 정부지원 사업계획서 작성법》을 출간하였습니다. 하지만 너무 기술 중심의 작성법 책이어서 서비스 중심의 책을 다시 쓰려고 계획 중입니다. 이런 계획을 하니 2021년 초에 책을 출간하려고 하니 2020년 3월부터 2020년 9월까지 어떤 책을 쓰지? 하는 또 다른 고민이 생겼습니다. 그래서 이 글을 쓰고 있습니다.

여기에 추가로 고민하는 것은 이른바 마케팅 실행에 대한 실무 경험

획득입니다. 2019년 하반기에 마케팅 집행에 대한 컨설팅을 제안받았습니다. 하지만 너무 겁이 나서 제가 진행하기에는 다소 무리가 있다고 하며 거절하였습니다. 당시 집행 금액이 무려 7억이었습니다. 제가 직장을 다니면서 집행한 최대 금액은 1억이 되지 않습니다. 그래서 겁이 난 것이었습니다. 시간이 조금 흘러서 생각해 보니 마케팅 전략도 중요하지만 우리 스타트업이나 중소기업은 마케팅 전략과 동시에 실행 방법에 대해서도 많은 고민을 한다는 것입니다. 그리고 실제 인터뷰를 해 보니 집행 금액과 상관없이 자신들이 진행하는 마케팅의 효과를 측정하기를 매우 강하게 원하는 것을 확인했습니다. 그래서 저는 현재 제가 조금의 지식이라도 있는 통계 프로그램을 활용해서 'R을 활용해서 분석하는 퍼포먼스 마케팅'이라고 이름을 정하고 제가 생각하고 정의하는 마케팅 실행 계획 및 성과 측정을 공부하고 있습니다. 당연하게도 '광고론'을 기반으로 하고 있습니다. 이런 것을 총칭해서 IMC 전략 및 실행이라고 합니다. 그럼 책 쓰기 2종과 IMC 전략 실행, 총 3개의 프로젝트를 동시에 하면서 컨설팅 영업도 가능할까요?

 어떻습니까? 위의 내용이 고민을 위한 고민, 고민을 위한 고민, 고민, 고민을 하면 할수록 고민이 생기지 않습니까? 그럼 이 글을 읽고 계신 대표님들은 어떤 생각을 하셔야 하면, 바로 실행에 들어가는 것입니다. 위에 두서없이 작성한 것처럼 고민은 고민을 불러 옵니다. 그럼 우리는 언제까지 고민을 해야 하나요? 고민하지 말라는 이야기가 아니고 고민하시면서 하나씩 실천하시는 것이고 그 실천을 하시다 아니다 싶으면 바로 방향을 바꾸면 되는 것입니다. 하지만 대부분 우리는 실행을 하지 않고 고민만 하다 끝납니다. 조금은 긍정적인 유통업 대표님의 고민을 한번 생각해 보겠습니다.

　이분은 스토어 팜을 이용해서 분유 유통업을 하시는 여성 대표님이십니다. 이분은 특별한 능력을 보유하고 계신 것이 아니고 고민을 실행하시는 분입니다. 컨설턴트에 전화해서 미팅 약속을 잡는 것 또한 어려운 과정 중의 하나인데, 이분은 일단 이것을 하셨습니다. 그래서 방문 상담해 보니 이분의 고민은 ① 고객의 주문이 지속적이지 않다. ② 공급처의 갑질이 심하다. 이 2가지로 압축할 수 있었습니다. 그래서 제가 설명드린 것은 ① 스토어 팜에서 판매 실적을 다운로드하십시오. ② 판매 실적을 정리하십시오. ③ 월 평균 판매량, 분기별 판매량 숫자를 확인하십시오. ④ 대량 구매를 진행하십시오였습니다.

　제가 상담드린 내용은 사실 별거 아닙니다. 내가 소진하는 판매량을 확인해서 일괄 발주하는 것입니다. 다만 납품 시 개별 납품합니다. 기존의 기업 운영과 차이가 뭐가 있나요? 사실 없습니다. 다만 추가적인 작업 필요한 것은 내가 월별 몇 개 파는지 그 수량을 확인하는 것입니다. 제가 이런 멘토링을 하게 된 이유는, 먼저 대표님의 구구절절한 판매실적 부진에 대한 사연을 들었습니다. 사연을 듣다 보니 고민에 고민 그리고 고민을 위한 고민 투성이였습니다. 고민 고민 끝에 저에게 연락을 하신 것입니다. 이분의 경우 후속 멘토링은 하지 않아서 어떻게 진행이 되고 있는지 알 수는 없지만 추정하건대 대량발주를 통해서 원가를 절감하고 공급처의 갑질로부터 해방되셨을 것이라 믿어 의심하지 않습니다.

다음 사례를 보겠습니다. 대학생 예비창업자 대표님이셨습니다. 아이디어는 있는데 어디서 어떻게 진행해야 할지 몰라서 고민이라고 하셨습니다. 이분이 목적하시는 것은 어떻게 하면 창업을 잘하고 이 창업을 하면서 정부 지원을 받고 사업을 성공시키는가였습니다. 상담한 결과, 단순하게 아이디어만 있습니다. 그리고 아무것도 없습니다. 심지어 아이디어라는 것은 사전적 의미의 아이디어, 그러니까 '이런이런 것을 하면 좋겠는데' 수준입니다. 이 정도 수준에서 사업을 어떻게 하면 성공시킬 수 있을까 고민하고 계신 예비창업자분이셨습니다. 아직 본격적인 사업을 시작하지 않으신 상태에서 고민이 너무 넘쳐나시고 있었습니다. 그래서 아이디어를 구체화하는 방법과 해당 아이디어의 시장성을 대략적으로 확인하는 방법 등을 멘토링해 드린 경험이 있습니다. 그리고 가장 중요한 부분을 말씀드린 것은 창업 의지도 좋지만, 창업 경험을 바탕으로 연봉이 높은 기업에 취직 시 사용하는 방향을 멘토링하였습니다. 그래서 예비창업자님은 다시금 더 많은 고민에 들어가게 되었습니다.

제 사례와 상담사례를 통해 정리하면, 지금 이 글을 읽으시면서는 고민하지 마시고 바로 실행에 옮기시는 것입니다. 실행하기가 겁나신다면 가까운 경영지도사를 찾아서 상담 한번 받아 보십시오. 전문가의 상담을 받기가 비용 문제로 인해서 주저되신다면 가까운 창조경제혁신센터 또는 창업지원센터를 찾아가 보시는 것을 추천합니다. 여기에 가면 전문가 집단이 상담을 위해서 상주하고 있습니다.

효과적인 고객사 모집 방법은?

저 역시 영업을 하는 입장에서 어떻게 하면 고객사를 잘 모집할지 많은 고민을 하고 있습니다. 지금 이 글을 작성하는 이유 자체가 효과적인 고객을 모집하기 위한 방법 중의 하나입니다. 보통의 경우 어떤 형식이든 책을 한 권 출간하게 되는 것은 쉬운 일은 아니니 그만한 대접을 받습니다.

이동통신이 발달하면서 우리는 수없이 많은 정보에 노출이 되고 이러한 정보에서 나에게 필요로 하는 정보를 찾아 헤맵니다. 심지어 사용자(소비자) 정보의 노출을 제한하는 시스템까지 발달하고 있습니다. 이러한 사용자의 정보 탐색을 차단하고 자사의 정보 노출을 극대화한 것이 이른바 그로스해킹 AARRR 기법 그리고 최근에는 퍼포먼스 마케팅이라고 합니다. 과거에는 불과 10여 년 전만 해도 소비자에 광고를 노출시켜 소비자를 통제하는 영역은 매우 어려운 영역이었지만 현대에 이르러 일부 가능하게 되었습니다. 이러한 신조어가 나올 때마다 깜짝깜짝 놀라는 것이 이러한 신조어에 의해서 일부 성과가 나왔다는 이유로 일반 대중들이 우르르 몰려가는 것을 보면 정말 깜짝 놀랍니다. 어느 정도 놀라느냐 하면 저도 하고 있으니 놀라지 않을 수 없습니다. 이 글을 읽으시는 독자분들은 스타트업, 중소기업의 대표님 또는 직원분 그리고 스타트업을 준비하시는 예비창업자분입니다. 우리 대표님 및 중소기업 임직원분들은 위와 같이 허황된 이야기를 맹목적으로 따라 하지 마시고 다음 그림에서 나오는 가장 원론적인 방법론부터 익숙하게 대하셔야 합니다. 홍보 자료 만들기 장에서 소개드렸던 바로 소비자의 인지 구조 해석의 일환인 소비자의 정보처리 과정 모형입니다.

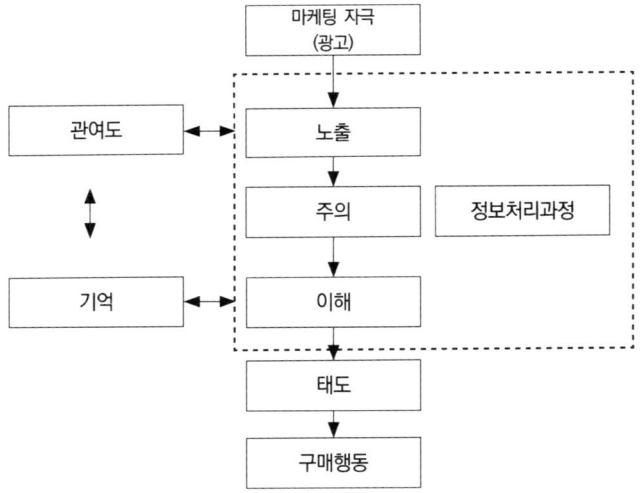

우리가 여기에서 주목해야 하는 것은 소비자의 정보처리과정 모든 단계에서 해당 단계에 맞는 적합한 광고 기법이 있습니다. 당연하게도 광고 기법을 실행하기 위해서는 마케팅 전략이 선행돼야 합니다. 마케팅 전략이 선행되었다는 가정 아래 우리가 5단계 중 가장 신경을 써야 하는 것이 바로 '노출'입니다. 노출에 대해서 설명드리기에 앞서 5단계를 확인하셨으면 우리의 제품이 어떤 단계인지 확인하셔야 합니다. 우리 제품을 소비자가 인지를 하는지 못 하는지에 따라서 그다음 단계로 접어들기 때문입니다. 그럼 적합한 광고 기법은 어떤 것이 있을까요? 당연하게도 자사의 제품이 고관여 제품인지 저관여 제품인지 그리고 소비자가 어떤 식으로 기억을 하고 어떠한 태도를 취하는지에 따라 전략이 모두 변하게 됩니다.

스타트업이 흔히 하는 착각이 '우리는 기존에 없었던 제품으로'입니다. 실제 기존에 없었던 제품이시라면 그리고 시장파괴적 제품이라면 이 글을 읽으실 필요 없습니다. 그 제품을 개발하신 대표님은 애플의 스티브 잡스가 부럽지 않은 분이므로 해당 사항이 없습니다.

우리가 개발하는 제품의 대부분은 기존 제품의 문제점을 파악하고 그 문제점을 해결한 어떠한 제품을 개발해서 시장에 출시를 합니다. 그렇다면 당연하게도 경쟁사의 제품을 모방해서 일정 부분 흉내도 내야 하며 그들의 부족한 부분을 해결하는 것이 나와야 하고 이러한 것들을 마케팅 자극, 즉 광고에 도입해야 합니다. 그래야만 비로소 소비자들, 즉 고객사들이 모집되게 됩니다. 그렇다면 정보처리 5단계별 적합한 광고 기법이 떠오르시나요? 연필을 주제로 예를 들어 보겠습니다. 우리의 연필은 기존의 문제를 해결한 연필깎이 없이 손으로 뜯어도 깔끔한 연필(뜯어 쓰는 색연필)이라고 가정하고 예를 들겠습니다.

단계	예시
노출	연필깎이가 필요 없는 연필 출시 깔끔하고 잘 써지는 연필
주의	깔끔한 디자인에 편리한 사용 그리고 저렴한 가격. 기존 연필이여 가라!

단계	예시
이해	당신이 찾으시던 바로 그 연필 지금 구입하세요.
태도	사랑하는 사람에게 뜯어 쓰는 연필로 편지를 써 보세요. 당신의 모든 것은 기억이 되고 사랑이 됩니다.
구매 행동	5개 구매 시 1개 증정

조금 이해가 되시나요? 제가 특정 제품을 예를 들면 안 될 것 같아 뜯어 쓰는 연필이라는 것을 가상으로 만들어서 단계별 광고 문구를 만들어 보았습니다. 노출 단계에서는 어떠한 방식이던 사용자에 노출이 되는 것이 중요합니다. 수단과 방법을 가리지 않고 노출이 되는 것입니다. 광고가 노출이 되자마자 주의 단계로 넘어가는데, 주의 단계에서는 제품의 강조하고 싶은 부분을 설명합니다. 그리고 이러한 광고를 통해 소비자는 제품에 대해서 이해를 하여 어떠한 제품인지 확실하게 기억을 합니다. 이러한 과정을 통해 제품에 대해서 소비자는 긍정 태도 혹은 부정 태도가 성립됩니다. 만약 긍정 또는 부정이 아닌 중간 태도가 성립되었다면 그것은 광고를 잘못 한 것입니다. 이도저도 아닌 것은 없습니다. 좋든가 싫든가 둘 중 하나입니다. 이후 구매 시에는 구매를 촉진하는 어떠한 광고를 진행하시는 것이 좋습니다.

그럼 서비스의 경우에는 어떻게 될까요? 서비스는 제품과 다른 부분이 바로 1회성이고 즉시성입니다. '네일아트'를 하는 이유는 손톱을 예쁘게 하는 목적도 있지만, 손톱을 손질받으면서 행해지는 모든 행위들을 즐기기 위함이기 때문에 1회성이고 즉시성이 있습니다. 설마 '네일아트 하면 1주일은 가니 즉시정이 아닙니다'라고 주장하시는 분들은 없기를 바랍니다.

이러한 서비스 제품은 태도의 형성이 매우 중요합니다. 사용자에게 해당 서비스에 대한 절대적인 긍정 태도가 있어야 서비스 이용으로 연결이 되기 때문에 심미적인 것을 중심으로 서비스에 대해서 강조해야 합니다.

마지막으로 유통상의 경우에는 어떻게 해야 할까요? 유통상의 경우에는 위에 열거한 방법을 지속적으로 연구하여 가장 최적화된 기법을 행사해야 합니다. 하지만 대부분의 유통상들은 그러지 못합니다. 그럴 경우에는 다른 장에서 이야기할 '가격' 부분에 대해서 읽어 주시면 좋겠습니다. 만약 유통상이시라면, '유통관리사' 시험을 보시는 것을 추천드립니다. 이 자격이 있으시면 최소한의 마케팅 이해도가 있다고 판단이 되기 때문입니다.

우리가 주목해야 하는 것은 정말 수많은 정보에서 어떻게 하면 우리의 광고가 소비자에 눈에 주목이 돼야 하는지입니다. 가장 일반적이지만 가장 잘 못하시는 것을 말씀드리면 바로 '사용자가 많은 곳에 가서 광고'하는 것입니다. 불특정 다수에 광고하는 기법은 너무 넘쳐 납니다. 이러한 불특정 광고 기법을 방지하고자 다양한 광고 개발 툴이 나오고 있으며 이러한 것들이 일정 부분 효과적인 것은 사실입니다. 그럼 불특정 다수에 광고하는 것은 나쁜 것일까요? 절대 아닙니다. 이른바 '바이럴마케팅'이라는 것이 활발하게 되려면 기본적인 사항들이 준비가 돼야 합니다. 기본적인 사항들은 해당 제품마다 다르기 때문에 설명드리기는 어렵지만 간단하게 생각해서 블로그 게시글 수라든가 페이스북 글 수 등이 해당되겠습니다. 이러한 기본적인 것들이 어느 정도 되었을 때 광고 노출을 시작하면 매우 효과적입니다. 대표적인 예로 제가 어렸을 때 시장에 가면 '골라, 골라. 한 개 백 원 골라, 골라' 하시며 길거리에서 소리치는 호객 행위가 기억납니다. 그 호객 행위에 가서 제품을 구입하는 목적은 그 가격에 살 수 있는 딱 그 제품을 구입하기 위해서 가는 것입니다. 이렇듯 우리는 불특정 다수에 노출이 돼도 좋습니다.

그럼 다시 주제로 돌아와서 효과적인 고객사 모집 방법은 어떻게 하는 것일까요? 이제 이 글에서 주장하고자 하는 것이 이해가 가시나요? 사실 효과적인 고객사 방법은 기업마다 제품마다 가지각색이어서 무엇이 효과적이라고 말하기는 어렵습니다. 다만, 자사 제품에 대해서 그리고 기업에 대해서 명확하게 인지하고 소비자의 반응을 측정하면서 모집하는 것이 바람직합니다. 그럼 저의 경우에는 어떤 경우가 해당되느냐 하면, 경영컨설팅은 매우 고관여 서비스로, 전문가의 지식수준이 높아야 되고 이를 객관적으로 증명해야 합니다. 그래서 저는 '경영지도사(마케팅)를 획득하였고' 이렇게 책을 쓰고 있습니다.

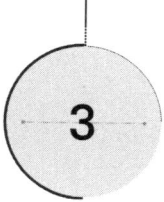

공급사와의 관계 어떻게 해결하나?

공급사와의 관계는 얼마나 효율적으로 관리해야 할까요? 이미 경영학에서는 SCM 기법 및 혁신전략에 대해서 다양하게 연구되고 있습니다. 우리는 이런 최신의 혁신 전략을 구사하기에는 기업의 규모가 너무 작습니다. 하지만 공급사 관리의 가장 큰 핵심은 변하지 않고 있으며 애석하게도 우리는 그 방법을 너무 잘 알면서 실제 행동으로 움직이지 못하는 경우가 많이 있습니다.

너무나도 당연하지만 가장 먼저 말씀드려야 하는 2가지부터 언급드리면, 하나는 다양한 공급사의 확보 그리고 수요 예측입니다.

다양한 공급사의 확보는 물량 기반이 되면, 언제든 쉽게 만날 수 있습니다. 만약 공급사가 기술 중심의 기업이라면 다양한 공급사를 만나기 어렵겠지만, 해당 제품이 독자적인 개발 제품이라 하더라도 현대의 대부분 제품들은 일반 제품이라고 생각하셔도 좋습니다. 이러한 일반 제품은 조금 노력을 하면 쉽게 대체품을 찾을 수 있습니다. 그래서 사실 공급사 확보는 크게 어렵지가 않습니다.

가장 중요한 것은 바로 수요 예측입니다. 근래에 들어서는 R 분석 등 다양한 통계기법을 동원하여 수요를 예측할 수 있으며 조금만 프로그래밍을 도입하면 빅 데이터 분석을 통해서 비교적 예측도가 높은 수요를 예측할 수 있습니다. 하지만 이 또한 스타트업이라면, 구체적으로 프로그래밍을 못하신다면 매우 어려운 것입니다. 그래서 과거 데이터를 활용한 수요 예측 그리고 홍보를 통한 확장되는 수요 예측 방법에 대해서 간략하게 설명드리겠습니다.

현재 홍보를 진행하고 계신다면 현재 조건을 기준으로 만약 홍보를 안 하고 계시더라도 현재의 조건으로 최소 3개월간의 평균 판매량은 있어야 합니다. 3개월의 평균 데이터가 월간 평균 수요입니다. 여기까지는 조금만 생각을 해도 찾을 수 있을 것입니다. 3개월간의 데이터를 조금 세부적으로 보면, 주간 판매량이 나올 것입니다. 예를 들어 월요일에는 판매가 늘어나고 목요일에는 수요가 줄어들 것입니다. 이는 엑셀로 판매량을 기록하면 바로 확인이 가능합니다. 만약 제조하는 기업이라면 어떻게 해야 할까요? 판매가 적게 되는 목요일에는 생산을 늘려야 할 것이고 판매가 많이 되는 월요일에는 생산보다는 판매에 집중을 하는 게 낫지 않을까요? 그럼 우리고 협력사로부터 자재를 공급받을 때 주별로 세분화해서 받으면 좋을 것입니다. 이러한 것들은 우리의 사업장 공간을 활용하는 기술과도 연결이 됩니다. 사업장은 한정적이지만 매일 자재로 꽉 찰 수는 없습니다. 하지만 요일별 수요를 예측하면 탄력적으로 사업장의 운영이 가능해집니다. 그럼 이러한 논리를 기준으로 협력사와 계약을 추진하면 됩니다. 보통 기업들이 재고의 압박에 의해서 필요에 의해서만 그때그때 자재를 발주하고 이를 월말정산을 하는 것이 일반적인데, 그러지 말고 월간 물량을 확인하고 난 다음 월간 물량보다 약간 보수적으로 일괄 발주를 하고, 요일별 납품 수량을 조절하는 것은 어떨까요? 더군다나 예상 수요의 80%만 발주를 했으니 당연하게도 자재가 부족할 것입니다. 그럼 마지막 주가 다가오기 전에 잔여 1~2주의 예상 판매량과 예상 생산량을 판단해서 추가 발주를 한다면 어떻게 될까요? 아마 공급사는 매우 좋아할 것입니다. 이 글을 읽고 계시는 대표님의 월간 발주 물량을 받아 두고 거기에 추가 발주를 받았으니 매우 기분이 좋을 것입니다.

다른 예시를 생각해 보겠습니다. 만약 3개월치로 했을 경우 어떨까요? 분명 협력사에서는 더 좋아할 것입니다. 당연합니다. 미래의 발주를 미리 준다면 이른바 '볼륨네고'가 가능하니 금액도 할인되고 제품도 미리 확보할 수 있습니다. 다른 방법을 보면 물량 밀어주기가 있습니다.
 우리가 생산을 위한 자재들은 다양하지만, 이러한 자재를 유사한 제품군끼리 묶는 것입니다. 당연하게도 우리는 모든 제품에 대한 견적가를 알아야 합니다. 이런 것을 전제로, 유사한 제품끼리 묶는다면 한 업체에 발주하는 총 금액이 증가하게 됩니다. 너무 당연하지만 이렇게 되면 해당 기업에 발주하는 금액이 늘어나게 되니 당연하게도 금액 할인을 해 볼 수 있습니다. 이때 우리가 계산해야 하는 것은 이 업체의 평균 마진을 생각하는 것입니다. 기본적인 평균 마진은 지켜주되 평균 마진 전체 비용을 계산하여 한 기업이 가지고 가는 절대적인 마진을 줄임으로서 해당 기업이 우리 회사로부터 발생되는 전체 수익을 한정해 버리는 방법이 필요합니다. 구체적으로 말씀드리면, A 업체에 100만 원 매출이 발생하고 20만 원의 수익이 발생합니다. 그럼 업체의 수익률은

약 20%입니다. 이때 우리가 A 업체에 다른 자재도 요청하는 것입니다. 단 전혀 다른 종류의 자재를 요청하지는 못합니다. 그럼 협력사의 매출이 130만 원이 되었을 경우 수익률이 약 20%이므로 20만 원에 6만 원을 더해, 총 26만 원의 수익이 발생하게 됩니다. 이 정도 수준은 거래의 존속을 위해 지켜주는 것이 좋습니다. 여기에 또 다른 신규 제품이 추가되어 매출이 200만 원이 된다면 20%의 수익률이 발생하므로 업체는 40만 원의 수익이 생깁니다. 이때 40만 원의 협력사 매출이 예상되므로 10만 원 할인을 요구할 수 있는 것입니다. 조금 이해가 시나요?

앞서 잠깐 말씀드린 부분을 다시 말씀드리면, 같은 계열에서 묶어야 하는 것입니다. 일반 소모성 자재 납품회사에 생산장비를 발주할 수는 없지만, 일반 소모성 자재 중 쉽게 구입 가능한 제품들은 하나의 납품처로 묶는 것이 필요합니다.

협력사와 관계가 지속되다 보면 일부 협력사는 고의적으로 납기를 지연시키는 경우가 있습니다. 예를 들어 보통의 경우 발주 후 1주일 만에 납기가 되지만, 업체와의 관계로 인해서 1~2일 정도 납기가 늦어도 넘어가곤 합니다. 이게 가능하기 위해서는 우리 대표님 내부적으로 생산일정이나 판매일정을 고려하면서 이 정도 융통성은 당연한 것이라고 생각이 듭니다. 하지만 이러한 융통성이 지속되다 보면 당연하게도 납기가 길어지게 되며 납품처는 신규고객 확보를 위해 우리 쪽에 할당돼야 하는 신간을 신규고객사에 할당하게 됩니다. 그들의 영업 전략에 의해서 그렇게 되고는 합니다. 이런 경우는 매우 빈번하게 우리 주위에서 일어나고 있습니다. 이런 것을 저는 물량의 고의 지연이라고 판단합니다.

물론 조금 늦어도 우리의 일정에 문제가 없다면 큰 문제는 없지만, 어느 순간 이런 것이 일반적인 것이 된다면 항상 우리의 물건은 늦게 되고 그 결과 우리의 생산 일정은 지연됩니다. 물론 협력사와 관계는 좋습니다. 이유는 우리가 물건을 써 주고 그들의 납기도 늘려 주니 그렇게 됩니다. 이를 압박하는 가장 효과적인 방법이 대금결제를 늦게 하는 것입니다. 대금결제를 늦게 하면 바람직하지 못한 방법이지만 이 방법이 가장 효과적입니다. 하지만 지속된다면 협력사가 거래를 하지 않습니다. 협력사와의 관계를 지속적으로 유지하기 위해서는 협력사의 절대적인 숫자를 늘리는 방법이 있습니다. 이 두 가지의 방법이 가장 효과적이며 스타트업에서는 어렵지만 종국에는 이 납품제품을 직접 생산하는 것도 나쁘지는 않습니다. 이러한 방법은 내부의 힘을 이용하여 외부를 압박하는 방법입니다. 다른 방법을 보겠습니다.

연간계약을 통해서 규칙적인 납품을 유도하는 방법도 있습니다. 사실 이 방법이 가장 효과적이기는 하지만 우리 스스로도 지속적인 생산품질 향상 개발을 통해서 제품을 모듈화하는 것입니다. 모듈화란 제품의 단일 부품들을 연결하여 하나의 뭉치로 만드는 것입니다. 제품의 모듈화는 기본이고 필수 요소입니다.

이 글을 정리하고 다른 주제를 보면, 우리는 종종 공급사와의 갈등에 휘말립니다. 특히 스타트업의 경우 공급사의 횡포에 좌지우지하게 됩니다. 우리는 이러한 공급사의 횡포에 어떻게 대응해야 할까요? 공급사를 배제하고 일을 할 수 있는 방법은 없을까요?

정답부터 말씀드리면, 공급사를 배제하고 일을 하실 수 없습니다. 역시 너무나도 당연한 이야기입니다. 하지만 이들을 효과적으로 관리하는 방법은 무엇이 있을까요? 가장 중요한 것은 '신'과 '의'입니다. 그리고 이 '신'과 '의'는 계약서로 결정하는 것입니다. 먼저 공급사의 개념부터 명확하게 하고 시작하겠습니다.

다음은 BM 9블럭 캔버스입니다. 캔버스에서 가장 왼쪽의 '파트너 네트워크', 즉 키 파트너 부분을 보겠습니다.

PARTNER NETWORK	KEY ACTIVITIES	OFFER	CUSTOMER RELATIONSHIPS	CUSTOMER SEGMENTS
	KEY RESOURCES		DISTRIBUTION CHANNELS	
COST STRUCTURE			REVENUE STREAMS	

파트너 네트워크가 곧 협력사입니다. 우리는 모든 것을 우리 스스로 다 할 수 없습니다. 그렇기에 협력사와 유기적인 협업이 필수입니다. 그럼 협력사의 종류는 어떤 것들이 있을까요? 사실 종류라기보다는 비용을 들인다면 우리 사업의 대부분을 협력사가 다 알아서 해 줍니다. 하지

만 산업별 특징을 살려서 필수 기술은 우리가 직접 해야 합니다. 예컨대 시스템 반도체 회사를 설립하셨다면, 반도체 회로설계와 프로그래밍은 직접 해야 합니다. 하지만 생산은 외주를 주셔도 좋습니다. 화장품 산업의 경우 브랜딩만 하면 됩니다. 물론 한국의 경우에만 해당하는 말입니다. 이렇듯 산업별 특성이 있습니다. 그럼 프로그램 기반의 서비스업은 어떨까요? 제공하시는 서비스는 직접 제공한다고 하셔야 합니다. 두 가지 멘토링 사례를 중심으로 말씀드리면 다음과 같습니다.

① 스타트업의 무역업무를 지원하기 위해 인보이스와 패킹리스트 간편 작성 프로그램 공급 및 물류회사와의 매칭 지원 플랫폼 사업

위 사업을 하시는 대표님은 무역 대행업을 하시지만, 사실 영어를 그렇게 잘하시지 못하십니다. 생활영어 수준이시지만, 무역영어는 나름 잘하십니다. 그리고 무역 관련 자격증도 보유하고 계십니다. 이 회사의 기본 컨셉은 스타트업이 인보이스 패킹리스트 작성에 많은 어려움이 있는데 이를 온라인상에서 도와주고 서비스에 만족을 느끼면 물류 매칭 서비스도 이용을 하는 사업 모델입니다. 이 회사의 아이템은 정말 간단한 것이지만 이것이 시장에서 통했습니다.

② 지역 내(동 단위) 반찬 공유를 지원하는 서비스 플랫폼 구축 기업

위 사업을 하시는 대표님은 프로그래머 출신으로 어플리케이션에 대한 디자인을 직접 하시고 일부 프로그램은 외주를 진행하셔서 제작했습니다. 다들 그러하시듯 대표님이 팀원을 꾸리면서 개발도 하고 영업도 하시기가 너무 어렵습니다. 어려운 환경에서 사업 운영을 지속적으로 진행하고 계셨습니다. 집에 남는 반찬을 혼자 사는 또는 반찬을 만들기가 어려운 가정에 나눔을 중개하는 플랫폼 아이디어는 좋았습니다. 하지만, 중개업이 되다 보니 중개수수료 부분에서의 기업 역할이 애매했으며 협력사에서 개발하는 부분과 협업이 명확하지가 않아서 현재 어플리케이션이 업데이트되지 않고 있습니다.

 두 가지 케이스에서 확인 가능하신 것은, 먼저 둘 다 서비스 공급을 위한 프로그램 개발을 외주 용역을 주었습니다. 그리고 한곳은 프로그램에 대한 자체 개발이 어렵고 다른 한곳은 프로그램의 일부를 외주화하였습니다. 프로그램 관점에서만 보면 반찬 공유 서비스가 시장에서 성공을 해야 하는데 현재 그렇지 못하고 있습니다. 물론 외주처의 문제도 있지만, 과연 외주처의 문제일까요?
 바로 서비스 공급의 핵심 기술이 누구냐입니다. 무역 서비스 플랫폼의 경우 대표님의 경력이 무역 베이스이며 지금도 무역업을 하고 계십니다. 그러다 보니 많은 고객사와 미팅을 통해서 초기 수출 기업들이 경험하는 다양한 문제에 대해서 잘 알고 있기에, 그 문제를 해결하는 핵심 기능을 본인이 직접 디자인하였습니다. 이 디자인을 기준으로 외주처에서 UI/UX를 만들고 코딩을 하게 된 것입니다. 반면 반찬 공유 플랫폼의 경우 대부분의 작업을 직접 하시고 일부분만 외주를 진행하셨는데, 초기 외주 시점보다 요구되는 기술 수준이 올라가서 결국 비용을 초과하게 되고 그 비용 부분에 대해서 원활하게 협의되지 않아서 프로그램을 직접 업데이트하든가 아니면 외주에서 해야 하는 상황이었습니다. 물론 이런 문제 이외에도 해결해야 하는 과정은 좀 더 있었습니다.

그럼, 외주처의 업무를 확실하게 하고 그것을 문서로 남겨서 작업 전서로 간에 R&D(Roll and Responsible)를 확실하게 한다면 문제가 없지 않을까요?

이런 것들을 문서로 남기는 것이 계약서입니다. 그럼 계약서는 어떻게 작성해야 할까요? 우리는 항상 계약서에 대한 어려움이 있습니다. 표준 계약서로 진행하자니 무언가 부족한 것 같고 특별한 계약서를 작성하자니 무언가 어렵고 그렇습니다. 역시 다른 글에서 안내해 드린 것처럼 보수적으로 말씀드리면, 변호사나 법무사를 찾아가서 상담받으십시오. 하지만 우리는 매번 상담을 받을 수 있을까요? 그러지 못합니다. 그래서 제가 제안드리는 것은 (향후 반드시 법률 전문가의 상담을 받으셔야 합니다) 온라인상의 유료 계약서를 하나 선택하셔서 여기에 첨부 서류로써 상호 간에 약속한 R&D를 집어넣는 것입니다. 그럼 나중에 서로 간에 말이 나오지를 않습니다.

돌아 돌아 일반적인 이야기를 했지만, 도움이 제법 되셨을 것이라 생각합니다. 실제로 우리 대표님들에게 도움이 되셨으면 좋겠습니다.

4 투자 유치?

투자 유치, 저도 하고 싶습니다. 저도 받고 싶습니다.

보통 '아이디어 수준'에서 시작해서 초기 사업을 기획하시는 분들이 투자 유치를 항상 생각하시고 투자 유치가 되는 것을 당연시하고 있습니다. 웬만한 아이디어는 투자 유치를 받기 어렵습니다. 아이디어를 작성하시고 이것을 통해 특허를 내시는 분들은 이것을 통해서 투자 유치를 받기를 희망하시지만, 절대 투자 유치가 되지 않습니다. 아주 가끔씩 투자 유치가 되는 경우가 있지만, 제 개인적인 생각은 '로또보다 어렵다'입니다. 실제 구체적인 예를 들면 아이디어만 있으시면서 투자를 생각하신다면 차라리 학교 운동장에 가서 철봉 밑에서 땅을 파는 것이 돈을 버는 관점에서 조금 더 바람직합니다.

입장을 바꾸어 생각해 보겠습니다. 아이디어만 있고 스케치 수준의 아이디어인데 투자 유치를 희망하는 창업자가 있습니다. 투자하시겠습니까? 분명 이런 생각을 하실 것입니다. '정말 좋은 아이디어면 투자해야지!'라고 생각하실 것인데, 그렇게 좋은 아이디어면 투자 유치 받아서 투자자에 지분 나누어 주지 말고 직접 하시는 게 좋지 않나요? 이런 사례는 우리 주위에 심심치 않게 나오고는 있는데 예를 들면 무한동력 에너지원이라던가 아니면 종래 기술 대비 혁신적인 에너지 절감 엔진 등이 있습니다. 또 이들은 특허까지 가지고 있습니다. 하지만 구체화되고 실현이 되었나요? 실현이 되었다 치더라도 정부에서 받아 주었나요? 아주 강력하게 말씀드립니다. 아이디어만 있으시면 절대 투자받지 못합니다.

그럼 투자 유치를 받기 위한 기본적인 조건들은 무엇이 있을까요? 가장 기본이 IR 자료입니다. IR(Investor Relations)은 투자를 위한 홍보 자료입니다. 일종의 사업계획서와 비슷하다고 볼 수 있는데, 사업계획서와의 최대 차이점은 BM 수익원에 대해서 매우 세부적으로 분석되고 나와 있다는 것입니다. 그래서 재무에 대한 지식이 없으시면 재무 부분에 대해서는 전문가의 자문을 반드시 받으셔야 합니다. 제가 추천드리는 전문가는 회계사를 말씀드리는 것입니다.

IR 자료 작성하기 위해서는 당연하게도 이미 매출이 나와야 하고, 일부 수출도 하셔야 하며 이런 것을 포함하여 어느 정도 사업의 형태가 구축돼야 가능한 이야기입니다. 다시 말씀드리면 아이디어만으로는 투자 유치가 힘들고(아이디어만으로 투자받은 사람이 있다고도 하니 제가 조심스럽기는 합니다) 어느 정도 사업화가 달성한 수준에서 투자가 진행됩니다. 그럼 제 글만 읽고 이런 생각을 하실 것입니다. '그 정도 매출이 나오면 내가 하지 왜 남의 돈으로 하고 지분을 나누어 주나?' 그렇습니다. 투자가 필요 없으시면 직접 하시면 되고 현재 수준보다 기업을 더욱 성장시키기 위해서는 투자를 받는 것입니다. 기업을 더욱 성장시키기 위해서는 돈이 필요합니다. 그것도 큰돈이 필요합니다. 그러기 위해서는 현재 수준에서 어느 정도 위치에 올라와 있어야 합니다. 그럼 IR 자료를 작성하기 위한 사업계획서에는 어떤 것들이 들어가야 할까요? 기술적으로 검증된 상태를 전제로 말씀드리면 다음 사항은 반드시 들어가야 하는 것입니다.

> 사업 개요, 문제, 해결책, 시장 규모, 경쟁업체, 비즈니스 모델, 팀, 재무 상황

① 사업 개요

사업 개요는 말 그대로 사업에 대한 전반적인 소개를 간략하게 정리한 것입니다. 보통의 경우 2장을 넘기면 장황해지니 1장 수준으로 만드셔야 합니다.

투자자들은 투자심사를 하면 하루에 적게는 4~5개 많게는 10개 수준의 사업계획서를 읽어 봅니다. 그러다 보니 이 사업 개요가 매우 중요하며 여기에서 투자자에 매력 포인트가 될 만한 것을 보여 줘야 합니다. 사업 개요에는 너무 허황되지 않은 회사의 목표, 진행하려고 하는 비즈니스 모델, 판매되는 제품, 목표 시장, 자사의 핵심 능력 등을 간략하고 핵심적인 문장 또는 도표 등으로 설명해 주면 좋습니다.

'기존 제품 대비 300% 성능이 향상된 착즙기', '착즙기 구독 서비스를 통한 신선한 과일의 공급'. 이 2가지 문구만 보았을 때에는 착즙기를 판매하겠다는 것인지, 아니면 과일을 공급하겠다는 것인지 쉽게 다가서기 어렵습니다. 하지만 착즙과 과일을 동시에 제공한다는 것에서는 투자자가 관심을 갖지 않을까요?

② 문제

우리 고객들은 저를 포함해서 우리는 모두 항상 문제가 있습니다. 그리고 이러한 문제를 간단하게 해결하기를 원하고 있습니다. 스타트업의 핵심은 바로 이러한 소비자의 문제를 찾아내어 문제를 해결하는 것입니다. 하지만 대부분의 기업들이 이러한 문제를 해결하기 어려워합니다. 문제를 해결하기 어려운 이유는 너무나도 단순하게 소비자에 문제가 무엇이냐? 물어보지 않아서입니다. 또 소비자는 자신의 문제가 무엇인지도 잘 모릅니다. 그러므로 소비자를 잘 관찰해서 그들의 문제를 찾아 문제가 무엇이냐 물어본다면 소비자는 쉽게 문제를 이야기할 것입니다. 그럼 여기서 우리가 생각해야 할 것은 무엇이냐 하면 바로 '소비자에 물어보기'입니다. 말씀드렸듯이 소비자는 자신의 문제가 무엇인지 잘 모릅니다. 하지만 우리가 소비자와 이야기를 하면서 공감을 하게 되면 소비자는 우리의 충성 고객이 됩니다. 우리는 이러한 공감을 매우 넓게 많은 사람과 공감을 해야 하는 것입니다. 우리는 이러한 것을 '니즈'라고 합니다.

'착즙기를 사용하는 사용자를 관찰하니 항상 거름망 세척에 많은 어려움을 가지고 있어', '착즙하고 난 다음의 찌꺼기를 해결하기 위해 항상 고민이 돼'. 착즙기를 사용해 보신 분들은 누구나 공감하는 이야기입니다. 그래서 착즙기 회사들은 거름망을 효과적으로 세척하기 위한 방법을 끊임없이 연구합니다. 하지만 조심스레 말씀드리면 착즙기가 개발된 이래 아직까지 10년 이상 개선되지 않고 있습니다. 그럼 우리는 거름망을 개선해야 할까요? 소비자의 문제는 거름망 세척이지 청소하기 편한 거름망이 아님에도 불구하고요? 두 번째로 착즙하고 난 다음 찌꺼기는 항상 음식물 쓰레기입니다. 이걸 개수대에 그냥 흘려보내자니 하수구가 막힐 것 같고 음식물 쓰레기봉투에 넣자니 봉투가 아깝고 그렇습니다.

이러한 문제를 잘 관찰하고 소비자와 상담 그리고 공감을 통한다면 역시 투자자도 공감하지 않을까요?

③ **해결책**

우리가 제공하는 사업에 대해서 핵심 키워드로 설명하고 소비자들의 문제를 알아봐서 공감을 했습니다. 그다음 단계는 해결 방법입니다. 이 해결 방법이 얼마나 효과적이냐에 따라서 투자자의 마음이 움직일 수 있는 최종적인 결정 단계입니다.

문제 해결에 혁신적일 필요는 없습니다. 우리는 누구나 혁신적이지 않기 때문입니다. 다만 문제 해결을 위해 잘 설계된 방법으로 해결을 해준다면 좋을 것입니다. 예를 들어 '거름망 찌꺼기 문제를 해결하기 위해서 물에도 쉽게 세척이 되는 나노 단위의 테프론 코팅을 스퍼터링 장비로 하고 거름망의 내구성을 위해 티타늄 재질로 구성을 하며 비용이 많이 발생하니 원가 절감을 위해 대량생산을 하면 해결되겠지'라고 생각할 수도 있습니다. 아마 구현이 된다면 혁신적인 기술입니다. 하지만 글을 읽으시면서 '말도 안 된다'라고 생각하실 수 있습니다. 말도 안 되게 작성을 했으니 말도 안 됩니다.

'거름망 찌꺼기가 문제이니, 거름망을 포함해서 착즙기의 일부를 회수하고 청결한 거름망을 제공한다면', '거름망을 수거 하면서 착즙 찌꺼기를 수거한다면', '동시에 신선하고 세척된 과일을 제공한다면' 이 3가지의 서비스를 제공한다면 소비자는 '거름망 세척', '착즙 찌꺼기', '신선하고 세척된 과일' 세 가지를 모두 충족하게 됩니다. 그리고 우리는 이것을 구독 서비스로 제공하면 됩니다. 다만 이러한 서비스의 가격이 문제이기는 하지만 이미 대량 공산화된 착즙 주스 배달 서비스가 300mL당 1,500원 정도에 판매가 되니 유사한 가격대에서 직접 서비스를 진행하면서 원가 분석을 한다면 좋은 아이템이 나오지 않을까요?

우리는 사업개요와 문제, 해결책 이 세 가지에서 우리의 대부분의 노력을 투자해야 합니다. 이 세 가지에서 대부분의 것이 결정되기 때문입니다.

④ 시장 규모

좋은 서비스와 제품이라면 이제 시장 규모를 측정해야 합니다. 시장 규모를 추정하는 방법은 보통의 경우 이동평균법이나 시나리오 분석, 델파이법 등 매우 다양하게 있지만, 우리는 전문가가 아니므로 일반적으로 추정하는 TAM-SAM-SOM 방법을 이용하시면 됩니다. 매우 간단한 방법이지만, 근거 없는 일방적인 주장보다는 더 효과적인 방법이고 일반 대중이 사용하다 보니 투자자들도 선호할 수밖에 없습니다. 위 예시를 든 착즙기를 기준으로 'TAM'은 전체 시장을 의미하므로 한국 내 모든 가족이 될 것이며, 'SAM'은 유효 시장, 즉 전체 시장에서 착즙기를 구입 또는 구독 가능한 가족이 될 것입니다. 마지막으로 'SOM'은 초기 확보 가능한 시장으로 과일 주스를 정기적으로 마시는 가구가 될 것입니다. 여기서 이런 자료는 어디서 찾나요? 라고 궁금해하시면 안 됩니다. 이러한 자료를 서베이를 통해서 직접 조사하시거나 아니면 서베이를 외주 주시거나 또는 이런 자료를 구입하셔야 합니다. 투자자들이 가장 관심 있어 하는 것은 'SOM'입니다. 즉 당장에 돈이 되는 시장, 그러므로 이 자료는 매우 구체적인 자료여야 합니다.

⑤ 경쟁업체

우리는 어떠한 방식이든 경쟁업체가 있습니다. 간혹 가다 '우리는 경쟁업체가 없습니다. 이유는 이 기술은 우리만 할 수 있기 때문입니다'라고 자랑스럽게 이야기를 하시는 분이 계시는데 경쟁업체가 없다는 것은 시장에서 검증되지 않았다는 의미입니다. 투자자들이 매우 싫어하고 저 역시 매우 싫어합니다. 이유는 경쟁업체를 자세히 조사하지 않았다는 것입니다. 어떤 분야이든 경쟁자는 있습니다. 한때 '나이키'의 경쟁상대는 '닌텐도'였습니다. 매우 일반적인 이야기입니다. 우리는 경쟁자가 어디에 어떻게 있는지 찾아야 합니다. 착즙기를 예로 들면, 경쟁자는 착즙기 회사가 될 수도 있고, 과일을 생산하는 농가도 될 수 있습니다. 심지어 '네일아트' 또는 '미용실'이 될 수도 있습니다. '네일아트, 미용실'이 왜 경쟁자가 될 수 있는지 궁금하시면 메일 주시거나 제 블로그 들어오셔서 확인 부탁드립니다.

⑥ 비즈니스 모델

비즈니스 모델은 말 그대로 우리의 사업 모델입니다. 보통의 경우 비즈니스 모델 9블럭을 사용하는 것이 일반적입니다. 이 모델을 사용하면 제공하는 제품 또는 서비스 고객의 욕구, 우리의 수익 모델 등이 표현 가능합니다. 심지어 비즈니스 모델 9블럭 하나로 우리의 사업 전체를 소개할 수도 있습니다.

⑦ 팀

팀 소개가 매우 중요한 기준 중에 하나입니다. 1인 창조기업의 경우 팀이 없으신데 사업도 없으신 것입니다. 사실상 혼자 다 하는 1인 창조기업에 투자할 투자자들은 매우 적습니다. 당연하게도 모든 것을 혼자 하지 못합니다. 우리는 팀을 구성하고 각 팀원 간 보직과 책임(R&R)이 확실해야 합니다. 팀원들이 유기적으로 돌아간다는 것을 효과적으로 보여 줘야 하며 실제로도 그래야 합니다. 팀의 구성은 직원이 될 수도 있고 친구도 될 수 있습니다. 한국의 경우 보수적인 관점이 강하므로 친구라면 주식을 가지고 있는 것이 좋고 그렇지 않다면 직원으로 표현하는 것이 좋습니다.

⑧ 재무 상황

무자본 창업은 없습니다. 또는 너무 적은 규모의 자본금을 보유한 기업에 투자할 사람은 없습니다. 투자자가 아니어도 이것은 상식입니다. 굉장히 혁신적인 아이디어에 시장 파괴적 제품 효과적인 마케팅 전략, 팀원의 우수성이 있는 자본금 1,000만 원의 기업과 적당한 아이디어, 적당한 시장, 적당한 기술력의 5억 원의 기업 중 어디에 투자하실 것인가요? 투자하셨다가 회사가 망하면 어떡하나요? 당연한 이야기입니다. 그리고 재무 상황에서는 자금 회전을 보여 줘야 합니다. 얼마가 들어와서 얼마가 팔리니 얼마나 남고 이를 다시 투자해서 얼마를 벌고 등 자금의 사용 방법과 회전 방법에 대해서 매우 구체적으로 표현하셔야 하며 이를 숫자로 증명해야 합니다. 즉 ROI(투자 회수율)을 보여 줘야 합니다.

1) 성장단계별 투자단계

이제는 일반적인 이야기가 된 시리즈 A, B, C의 투자 단계입니다.

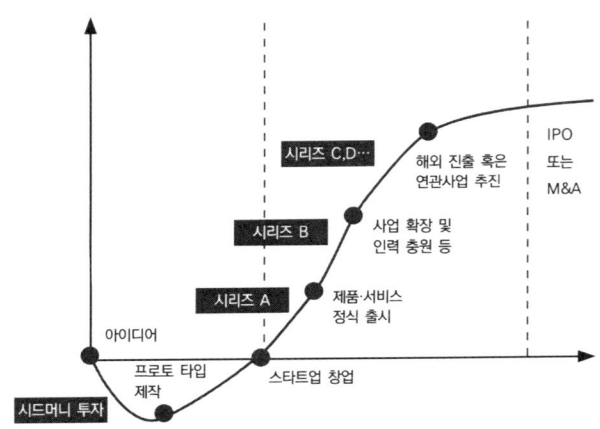

시드머니 투자에서 시작해서 시리즈 A, B, C 단계로 구분이 됩니다.

먼저 시드머니 투자 단계에서는 창업자 중심으로 자금을 투입합니다. 또는 가족과 지인 그리고 공동창업자가 되겠습니다. 프로토타입 등 시작품을 만들고 난 다음 창업을 하게 되면 매출이 발생합니다.

우리가 착각하는 것이 사업자등록증이 나왔다고 창업이 아닙니다. 물론 법적인 창업은 사업자등록증이 있어야 하지만, 실질적인 창업은 아닙니다. 이러한 오해로 인해서 창업 후 '죽음의 계곡'의 시점을 많이들 착각하십니다. 오해가 없었으면 합니다.

이제 매출이 발생하면 제품을 정식으로 출시해야 합니다. 제품이 정식으로 출시가 되기 위해서는 공장도 있어야 하고, 서비스 기업이라 하면 서비스를 운영할 장소가 있어야 합니다. 그러기 위한 자금 마련이 '시리즈 A'입니다. 이때 1차 투자를 성공적으로 달성하셨다면 사업 확장을 위해서 시리즈 B, C, D 계속 투자를 받는 것입니다.

투자 유치 관련해서 최대주주의 지분에 대해서 말씀드립니다. '최대주주 = 대표자'라는 공식이 일반적으로 성립됩니다. 하지만 사업에 성공하기 위해서는 외부 투자가 필요하며 투자의 조건으로 주식을 줍니다. 역시 스타트업 대표님들이 착각을 하시는 것이 '경영간섭'이 심하다고들 하시는데, 돈을 투자받아서 투자 목적으로 사용만 하면 간섭이 발생되지 않습니다. 그리고 이러한 간섭은 계약서에 다 있습니다. 다만, 제대로 사용을 안 하시니 그 제대로 사용되지 않는 부분에서 간섭을 하는 건 당연하다고 생각하며 투자를 받으면 '내 돈'이 아닌 '우리의 돈 또는 남의 돈'이 됩니다. 남의 돈을 사용할 때에는 당연하게도 모든 내역이 지출증빙돼야 합니다. 이것은 상식입니다. 이러한 상식에서 벗어나면 그때 항의를 해도 되는 것입니다. 그리고 경영권 보호를 위한 지분은 최소 30%는 확보를 하셔야 합니다.

5 지분에 대한 고찰

　회사를 설립하고 운영을 하면서 외부의 투자 유치를 받기 위해서는 지분을 나누어 주는 경우가 일반적입니다. 하지만 지분을 나누어 주게 되면 대표자의 지분은 당연히 줄어들게 됩니다. 그럼 우리는 이렇게 어쩔 수 없이 줄어들어 버린 또는 줄어들어야만 하는 우리의 지분, 바로 이 지분에 대한 것을 아주 구체적으로 고민해 봐야 합니다.

　흔히 지분이라는 것은 주식을 말하며 지분을 준다는 것은 당연하게도 주식을 나누어 주는 것입니다. 그럼 우리는 왜 지분을 나누어 주려고 할까요? 바로 필요한 것을 얻기 위함입니다. 그럼 필요한 것은 무엇일까요? 바로 내가 부족한 부분일 것입니다. 제가 항상 멘토링을 하면서 강조하는 것인데 우리는 문제의 핵심을 정확하게 인지해야 합니다. 왜 원하는 것을 얻기 위해서 돈을 주지 않고 지분을 주게 되는 것일까요? 그 이유는 당연하게도 돈이 없어서입니다. 같은 맥락에서 주식회사의 자본금이 특히 초기 자본금이 1억 미만의 경우 또 회사의 아이템이 굉장하고 특별한 무기가 없는 일반 기업이라면, 사실상 지분을 나누어 준다고 한들 나누어 받은 지분은 크게 의미가 없습니다. 1억짜리 회사에 기술도 없다고 하면 기업 가치를 아무리 높게 잡아도 얼마 안 될 것이며 이 주식의 20%라 하여도 2천만 원 정도의 매우 작은 금액이므로 별로 해당 사항이 없는 이야기입니다. 지분 공유에 대해 고민해야 하는 수준이시라면 최소 1억 이상의 자본금이 있고 기술을 보유하고 있으며 아이디어의 구체화에 대한 계획이 확실한 경우에 해당됩니다. 하나 추가적인 말씀을 드리면 기술 기반의 혁신적인 기업에 해당되어도 초기 자본금이 1억 미만인 경우가 많이 있습니다. 이때에는 자본금을 지속적으로 투자해서, 즉 증자를 통해서 자본금을 1억 이상으로 만들어야 합니다.

먼저 공동창업을 하게 되는 경우 또는 외부 전문가를 초대하여 팀원으로 구성하게 되는 경우 초기 스타트업이라면 이런 경우 당연하게도 운영자금이 부족하니 자신이 보유한 주식을 일정 부분 나누어 주며 팀에 참여를 독려하게 됩니다. 매우 종종 보는 형태의 지분을 나누어 주는 것입니다. 우리는 이러한 공동창업자 또는 외부 전문가가 절대적으로 필요하기 때문에 주식을 주고 모셔오는 것입니다. 그럼 이들에 지불해야 하는 지분, 즉 주식 양은 얼마 정도를 주는 것이 적당할까요? 그분의 능력에 따라 다르겠지만 제가 조심스럽게 말씀드리는 부분은 30%를 넘지 않는 것을 권장해 드립니다. 저의 이런 주장은 어떠한 논리가 있어서 그런 것이 아니라, 100% 중에 30%를 주면 남은 70%를 가지고 내가 활용할 수 있는 부분은 20% 수준에 불과합니다. 이유는 너무 당연하듯이 51%를 유지하기 위함입니다. 사실 51%가 크게 의미가 있지는 않지만 51%가 안 되면 기분이 유쾌하지 않습니다. 좀 더 깊게 생각하여 말씀드리면 우리는 반드시 외부 투자 유치 시 성공해야 하며 외부 투자 유치 시 지분을 나누어 주어야 합니다. 이때 나누어 줄 수 있는 양이 매우 적다면 많이 곤란해집니다.

이를 세부적으로 설명드리면 우리는 창업을 하고 나서 대부분의 일을 대표자가 직접 하지만 기술 부분과 재무 부분 그리고 마케팅 부분 등을 나누어서 구분해야 합니다. 그리고 이런 전문가들을 초기에 팀에 합류시키기 위해서는 많은 비용이 발생하지만 주식을 공유하여 줌으로써 그들의 자발적인 참여를 적극적으로 독려할 수 있습니다. 예를 들어 기술개발자 CTO와 재무관리자 CFO를 모셔온다면 10%씩 드리면 됩니다. 그리고 CMO를 모셔올 때도 10%를 주면 됩니다. 그럼 나머지 70%를 가지고 투자 유치를 진행하시면 됩니다.

그리고 전문가를 모셔올 때 그리고 외부 투자를 받을 때 한 명의 개인 또는 한곳의 투자기관에 29%를 넘기면 곤란합니다. 보다 구체적으로는 한 곳에 주식의 30%를 넘기면 회계상 최대주주 자리가 흔들릴 수도 있기 때문입니다.

그럼 투자 유치에 대해 알아보겠습니다. 투자 유치를 받으면 창업한 회사의 수준을 인정받아서 상당한 금액의 자금 유치가 가능해집니다. 그렇게 되면 어느 정도 경영간섭을 받게 되는데 이러한 경영간섭 없이 지분을 나누어 주고 투자받기를 희망하시는 대표님들이 많이 계십니다. 그런 대표님들께 조심스레 말씀드리면, 투자받지 마시고 혼자 하시기를 바랍니다. 지분을 가지고 있으면 일정 부분 경영간섭은 당연한 것입니다. 이런 발상, 즉 경영간섭을 받기 싫다는 생각은 정말 말도 안 되는 것이 회사가 성장하기 위해서 초기 아이디어도 좋고 초기 사업 구축을 위한 세팅도 좋습니다. 물론 대표자의 몫입니다. 하지만 사업을 확장하기 위해서는 절대적으로 외부 자금이 필요하고 외부 자금을 받았으면 자금을 받은 만큼 상대방에 권한도 주어야 합니다. 수억의 자금을 투자받으면서 경영간섭은 싫다고 판단하시면 외부 투자 없이 사업하시면 됩니다.

그럼 경영간섭의 수준을 알아보겠습니다. 이것은 100% 저의 개인적인 생각입니다. 먼저 인사권에 대한 경영간섭은 안 됩니다. 그리고 인사권을 개입하는 투자자도 없습니다. 하지만 투자금의 활용 방법에 대해서 간섭하는 것은 인정합니다. 예를 들어 10억을 투자하면서 5억을 광고 홍보로 진행을 하라고 주문을 하면 광고 홍보에 5억을 투자해야 하는 것입니다. 또는 기술개발에 3억을 투자하라고 하면 투자해야 하는 것입니다. 그렇다면 드는 생각은 어떤 부분이 경영간섭이라는 것이지? 인데, 투자받은 비용을 개인의 판단에 의한 사용이 집중되면 당연하게도 금지해야 하는 것 아닌가 생각합니다. 예를 들어 사무실 이전 및 인테리어에 집중을 한다든지 기술개발을 하라고 투자하였지만 기술개발보다는 직원들 보너스 주기에 집중을 한다든지 등 투자 조건에 부합되지 않게 집행을 한다면 당연히 간섭을 해야 하는 건 아닌가 생각합니다.

저는 본 책을 쓰는 시점에는 엑셀러레이터가 아니므로 투자 전문가가 아닙니다. 하지만 저의 지분에 대한 고찰은 상식이 아닌가 하는 생각이 듭니다.

6 수출, 그것이 알고 싶다

한국의 비즈니스는 수출 위주의 사업입니다. 아무리 시대가 변하고 다양해졌다고 하여도 우리는 수출을 해야 합니다. 심지어 '수출역군'이라는 단어가 있습니다. 하지만 우리는 외국어도 서툴고 외국어가 가능하다 하여도 수출을 어디에서 어떻게 시작을 해야 하는지 어렵습니다. 그래서 본 장에서 수출에 대해서 어떤 식으로 진행이 되는지 그리고 기본적인 용어들은 어떤 것이 있는지 알아보겠습니다.

먼저 우리 대표님들이 모든 것을 다 잘하실 필요는 없습니다. 수출 또한 전문 영역이며 대학에서 다년간 교육을 해 주고 있고 또 관련 자격증도 많이 있으며 자격증 획득도 어렵습니다. 하지만 우리가 외주를 이용할 때 그리고 고객사를 찾을 때 어느 정도 수출에 대한 상식은 있어야 합니다. 본 장에서는 이러한 상식에 대해서 알아보겠습니다.

수출 순서를 정말 큰 카테고리로 보면 다음과 같습니다.

> 고객사 발굴 → 아이템 설명 및 아이템 제안 → 각종 인허가 확인 → 제품 디자인 변경 → 제품 수출 → 원산지 증명 발급 → 계약금 획득 → 물류 업무 진행 → 잔금 획득

위 순서에서 가장 어려운 것은 고객사 발굴이며 그다음이 아이템 설명입니다. 나머지는 시간과 돈이 해결해 줍니다. 농담 같지만 실제로 돈이 해결해 주고 매우 다양하게 관련 서비스를 제공해 주는 회사들이 있습니다.

1) 고객사 발굴

고객사 발굴은 한국에서의 발굴 방법과 같습니다. 발품을 팔아서, 즉 고객에 다가가기 위해 노력을 해야 합니다.

가장 일반적인 방법이며 전 세계가 이런 일반적인 방법을 통해서 해외 고객사를 발굴하고 있습니다. 바로 해외 전시회 참관입니다.

해외 전시회에 참관을 하시면 다양한 부류의 외국인들이 접근을 하게 되며 이런 외국 고객사들은 유통업체가 될 수도 있고 또는 경쟁상대도 될 수 있습니다. 다른 방법으로는 수출상담회가 있습니다. 수출상담회는 코트라에서 주관하여 진행하시는 것을 추천드리며 이외의 사업은 크게 권장하여 드리지 않습니다.

크게 권장하여 드리지 않는 이유는, 한국에는 왜 이런 분들이 넘쳐 나는지 이해가 되지 않습니다만, 이른바 현지 전문가라는 분들이 계십니다. 실제로 현지를 쉽게 왔다 갔다 하시고 현지에 사업자도 갖고 계시고 그렇습니다. 주로 동남아이며 이분들의 공통점은 다음과 같습니다.

① 내가 현지에서 큰 회사 회장 또는 경영진과 친하다.
② 내가 현지에서 누구도 알고 누구도 알고 누구도 안다.

③ 내가 현지 정부 관계자와 밀접한 관계가 있다.
④ 나는 별도의 투자를 하지 않는다. 네가 다 투자해라. 나의 역할은 마케팅 또는 코디네이팅이다.
⑤ 내가 내 돈 벌려고 하는 건 아니다. 물론 나도 돈을 벌지만 너를 도와주기 위함이다.

이 외에도 많은 공통점이 있습니다만, 위 사항 중 특히 ③, ④번 둘 다 해당되시는 분이 접근하시면 친하게 지내야 할지 말아야 할지는 본인 선택이므로 길게 말씀드리지 않겠습니다.

개인적인 경험으로는 동남아시아 특정 국가의 국가 운영진, 무슨 무슨 부 장관, 대학총장 등 실제 특정 국가의 정부 핵심 인물을 제가 직접 만나 본 적이 있습니다. 그리고 그 사람들이 사업을 도와줄 테니 열심히 같이 해 보자는 말도 들었습니다. 저는 정말 무언가 되는 줄 알았습니다만, 사기였습니다. 이렇듯 사기를 치려면 수단과 방법을 가리지 않습니다. 그러니 위 사항 중 하나라도 해당되면 일단 의심하십시오.

만약 B to C로 최종 고객에 직접 다가가기를 희망하시는 대표님이시라면, 해당 국가의 소셜커머스 입점이 가장 효과적입니다. 또는 아마존 입점입니다.

이러한 이커머스에 입점을 하시게 되면 이커머스 플랫폼에서 외국인과 경쟁하며 제품을 판매하시는 것입니다. 보통 아마존이 가장 용이합니다. 하지만 동남아시아의 경우 아마존보다는 해당 국가의 이커머스 입점을 추천드리고 입점하는 방법은 해당 이커머스 회사에 질의하셔야 합니다.

2) 아이템 설명 및 아이템 제안

우리가 고객을 만나고 나면 가장 어려운 부분은 해결이 되신 것입니다. 그다음은 아이템을 설명하고 제안해야 하는데, 이러한 부분은 해당 고객의 입장을 충분히 들어야 합니다. 예를 들어서 물컵을 판다고 했을 때 200mL 물컵이 필요 없을 수 있습니다. 일본이나 대만의 경우 물컵이 매우 작습니다. 그럼 거기에 적당한 제품을 새로이 제안하던가 아니면 우리 제품이 적합한 분야는 고객에게 직접 설명해야 합니다. 이러한 과정에서 고객과 실제 거래가 성사되기도 하지만 대부분 성사되기 어렵습니다. 하지만 이때 친절하게 설명하고 우리 것을 잘 제안하였다면 언젠가는 그 고객이 나에게 찾아옵니다.

이 부분이 당연한 것인데 따로 설명드리는 이유는 해당 국가의 문화를 우리가 잘 모르기 때문입니다. 예를 들어서 김밥의 경우 제 소견으로는 우주 최강 핑거푸드입니다. 김밥 안에 탄수화물, 단백질, 식이섬유가 들어가 있으며 베지테리언 음식도 가능하고 할랄 푸드도 가능합니다. 하지만 우리는 김밥이 초밥에 밀려서 아직 세계화가 되지 않았습니다. 만약 해당 국가의 문화를 조금만 이해한다면 그 국가에 김밥을 충분히 팔 수 있지 않을까요? 그것도 제품 개발에 큰 어려움이 없이 말입니다.

3) 각종 인허가 확인

모든 제품이 수출을 하려면 해당 국가의 인허가 사항에 충족해야 합니다. 이러한 인허가의 대표적인 것들이 CE, TUV, UL 등이 있으며 한국은 KS인증이 있습니다.

이 인허가 사항은 필수 항목입니다. 그래서 특정 지역에 수출을 하기 위해서 이러한 사전조사 없이 물건을 먼저 들고 나가는 경우, 고객사와 연결이 된다 하여도 해당 국가의 인허가 획득에 오래 걸려서 결국 수출을 못 하는 경우가 많이 있습니다. 그러므로 수출을 희망하시면 공략하고자 하는 국가의 각종 인허가 규제 대상 확인부터 하셔야 합니다. 이러한 인허가 확인이 수출 초보기업이 진행하시기 어려울 수도 있습니다. 이런 경우 KOTRA에 연락하시면 친절하게 도와줍니다.

4) 제품 디자인 변경

본 장에서 의미하는 디자인은 크게 제품 디자인과 포장 디자인 두 가지입니다. 먼저 제품 디자인은 고객사가 일부 수량 확보를 해 준다며 외형만 바꾸면 되므로 금형을 새로이 제작하셔야 하는 것이고 이런 것들은 고객사와 협의를 하셔야 하는 건 당연합니다.

포장 디자인도 변경해야 합니다. 포장 디자인 변경은 매우 간단한 것입니다. 하지만 포장 디자인은 해당 국가에서 요구되는 사항을 충족해야 합니다. 우리가 해외 물건을 구입하다 보면 일부 제품에서 제품 성능을 표기하는 부분에서 스티커 처리된 것을 종종 봅니다. 이 스티커 처리 이유가 단순하게 외국어를 한국어로 변경하기 위함도 있지만 궁극적으로 국내 법적인 사항을 준수하기 위함입니다. 이러한 부분은 포장 디자인에 반영이 돼야 합니다.

5) 제품 수출

고객사를 발굴해서 그들의 니즈를 충족하고 각종 인허가가 완료되었으면 이제 수출하셔야 합니다. 제품을 수출하게 되면 이제 수출이라는 단어보다는 무역 쪽에 가깝습니다.

6) 원산지 증명 발급

국가마다 요구 조건이 다르지만 특히 FTA 제품인 경우 FTA 원산지 증명을 요구하는 경우가 매우 많습니다. 이유는 수입하는 국가의 고객이 관세 부담을 경감하기 위함입니다. 원산지 증명원은 크게 일반 원산지와 FTA용 원산지 증명원이 있습니다. 영어를 대학교 수준으로 하시는 대표님이시라면 일반 원산지 수준은 매우 쉽게 진행 가능하십니다. FTA 원산지 증명원 발급이라면 조금 까다로우니 컨설턴트와 협의하셔야 합니다. 관세사와 경영지도사 그리고 민간 전문 자격으로는 원산지 관리사가 있습니다.

7) 계약금 획득

계약금 획득 부분을 제품 수출보다 뒤에 넣은 이유는 바로 L/C와 인보이스 작성 때문입니다. 계약서 작성에 따른 계약 조건에 따라 다르겠지만 보통 계약금은 현금 입금, 중도금 및 잔금은 L/C로 진행합니다. 우리말로는 신용장이라고 합니다. 신용장 역시 종류가 매우 다양하나 한 가지만 알고 가시겠습니다. '취소 불능 신용장' 영어로도 취소 불능 신용장입니다. 이것 이외의 신용장은 진행하지 마십시오. 보다 구체적으로 설명드리고 싶지만, 무역 전문 서적이 아니므로 모두 작성하기는 어렵고 포털사이트에 '취소 불능 신용장'이라고 검색하시면 매우 다양하게 설명해 주는 블로그가 많이 있습니다.

이보다 중요한 계약 조건을 설명드리면 다음과 같습니다.

> 30% 계약금 현금, 30% 선적전 중도금 L/C, 30% 물건 도착 후 고객사 확인 후 중도금 L/C, 10% 잔금 현금 또는 L/C

위 조건에서 세부적으로 고객사와 협의하여 진행하시되, 중도금 항목을 최소화 그리고 잔금을 최소화하는 게 좋습니다. 특히 중국에 물건을 수출하시게 되면 잔금 10%는 못 받는다고 생각하시고 진행하시는 것도 나쁘지는 않습니다.

8) 물류 업무 진행

물류 업무는 물류를 진행하기 위해서는 특정 라이선스가 있어야 합니다. 이른바 '포워더'라는 업체를 말하며 포워더는 웹상에서 쉽게 찾을 수 있습니다. 포워더의 업무는 물건을 인계받아서 고객사의 포워더에 전달해 주는 일을 합니다. 포워더의 선택은 고객사와 수출입이 거의 확정되면 그다음에 바로 포워더(물류업체)를 검색하시거나 소개받아서 그들과 일을 진행하십시오. 포워더도 서비스 직업이라 본인들의 업무 이외의 일을 서비스로 많이 제공합니다. 이들에게 인보이스나 패킹리스트 작성을 요청해도 됩니다. 인보이스와 패킹리스트는 수출을 하기 위해서 생성되는 서류이며 인보이스와 패킹리스트는 고객사와의 협의, 원산지 증명 발급 등 대부분의 업무에 사용되므로 처음부터 포워더와 일을 하시는 것도 나쁘지 않은 방법입니다.

9) 잔금 획득

고객사와 계약에 의한 제품을 납품하고 서류가 다 충족되셨으면 이제 잔금을 받으시면 됩니다.

10) 추가적인 설명들

① 외화 통장

외국에서 송금을 받기 위해서는 반드시 외화 전용 통장을 먼저 개설하셔야 합니다. 가까운 은행에 가서 계좌를 개설하시면 됩니다.

② 무역 조건

무역 조건이라 하면 물건이 오고 가는 물류 조건을 말하는데, 이때 각종 세금과 운반비가 발생하기에 무역 조건 역시 중요합니다. 다양한 무역 조건이 있지만 본 장에서 설명드릴 것은 FOB와 CIF입니다.

FOB와 CIF는 크게 차이가 없으니 아무것이나 진행하셔도 좋습니다. 두 조건의 차이점은 물건이 오고 가면서 해상에서 발생되는 각종 재해에 대해서 보험처리가 돼야 하는데 이 보험 비용을 누가 내느냐입니다. 보험금은 그때그때마다 다릅니다. 그래서 같은 곳에서 보험을 청구

한다 하여도 매번 다른 가격이 나옵니다. 쉽게 보험금은 총 발주 금액의 0.00N%입니다. 수출액이 단일 건수로 100억이 넘지 않으면 재무적인 상황에 크게 문제가 되지 않으니 CIF 조건이든 FOB 조건이든 고객사의 주장을 받아들이시면 됩니다.

두 조건 다 우리말로 쉽게 하면 국내 이송까지만 우리가 책임지는 것이고 배에 실리는 순간부터 고객사의 책임입니다.

③ 수출바우처 지원사업 안내

수출바우처 사업은 중소기업이 물건을 수출하기 위해서 진행되는 업무 중 상담 부분을 정부에서 지원해 주는 사업입니다. 해마다 3회 이상 지원해 주고 있으므로 수출을 목적으로 하신다면 수출바우처 지원사업을 즉시 신청하셔야 합니다. 수출바우처 지원사업은 경영지도사 협회와 함께 하시면 더욱 좋습니다.

Episode 5

경영 상담사례: 기계설비 창업기업

경기도 화성에 위치한 설계 전문 기업으로서 초기 창업패키지에 선정이 되어 일정 금액을 지원받은 기업으로 기업부설연구소와 특허를 보유하고 있는 공장기계 설계전문 기업입니다. 초기 창업패키지 과정이 끝나 가면서 추가적인 정부 지원사업을 희망하셨습니다.

① 창업의 기회 포착

하이닉스 반도체에 납품을 하는 중견기업 출신의 대표님으로 기술영업을 주로 하시는 분입니다. 기술적 완성도는 공동창업자 3명 중 다른 두 분이 진행하셨고 대표님께서는 기획과 영업 중심으로 발달하신 분으로 대외적인 업무 담당이셨습니다. 하이닉스 반도체의 현장 실무자와 밀접하게 관계를 유지해 오고 있다가 그들이 실무적으로 필요한 것들을 옆에서 보고 실물로 구현한다면 하이닉스에 바로 납품이 가능하다는 약속을 받고 창업을 시작하셨습니다.

② 초기 창업자의 어려움

창업 이전 초기 창업패키지에 선정이 되셔서 다른 창업기업보다 안정적으로 창업하게 되었으며 공장을 임대하고 필요로 하는 시설물을 구입하였습니다. 처음 영업에는 대표님이 자신이 있어 시작을 하였지만, 막상 영업을 하게 되니 고객사의 요구 조건이 생각보다 높았습니다.

③ 멘토링 시작

고객사 요구 사항을 반영한 제품을 만들기 위한 시작품 제작 지원사업을 요청하셨습니다. 희망하시는 금액은 최소 5,000만 원 수준이셨습니다.

시작품 지원을 위한 기술 기획에 대해 멘토링을 진행하였으며 최종 결과로는 정부 지원 특허 이전 1건, 시작품 제작 비용 3,000만 원, 기술개발 로드맵 작성을 진행하였습니다.

④ 기술 기획

대표님이 기술 기획은 잘하셨지만, 이를 구체화하는 방법이 약간 서투르셔서 이를 보안하기 위하여 공정 엔지니어, 설계 엔지니어와 같이 창업을 하셨지만, 엔지니어의 생각을 크게 반영하지 않고 모든 결정을 대표님이 직접 하셨습니다. 이에 대표님의 영업 방식에 최적화된 기술 기획을 먼저 진행하였습니다.

아직 매출이 1억 원도 안 되지만, 대표님은 벌써 몇억 원 하는 기술개발을 고민하고 계셨고 마치 당장 가능하다 판단하시지만, 엔지니어들이 받쳐주질 못한다고 생각하셨습니다. 이에 엔지니어들과 개발 상담을 진행하여 나온 결과를 기준으로 대표님의 의견이 반영된 기술을 기획하게 도왔습니다.

⑤ 특허 이전

지방정부별로 다르지만, 연구 전문 기관 또는 대학의 특허를 중소기업이 이전받을 수 있는 프로그램이 너무 많이 있습니다. 하지만 이러한 특허를 이전받기 위해서는 가장 우선시하여 확보해야 할 것은 기술개발 로드맵입니다. 기술개발 로드맵을 작성하고 이를 기준으로 적절한 사업을 검토하여 경기도 지원의 특허기술 이전 사업을 신청하게 되었고 경기도의 특정 학교 특허를 정부 지원 100%로 이전받게 되었습니다.

⑥ 시작품 지원사업과 기술개발 로드맵

먼저 기술개발 로드맵은 초기 스타트업으로서 크게 고민할 거리가 적었습니다. 당장의 제품을 중심으로 기술분석부터 하였으며 유사기술을 분석하여 업계 선도기업의 기술개발을 진행 순서를 모방하였으며 동시에 최종 고객사의 현장 엔지니어의 Needs를 분석하여 반영하였습니다.

시작품 지원사업은 화성시 지원사업을 제안하였으며 기 확보된 특허를 중심으로 기술사업화 사업계획서를 작성 지원해 드렸고 이를 기준으로 시작품 제작 지원금 3,000만 원을 받게 되었습니다.

⑦ 시사점

기술 중심의 스타트업이 초기에 종종 경험하는 애로 사항으로 본인들의 역량보다 큰 시설을 구축하고 이를 통한 매출 발생을 기대하는 대표님들이 많이 계십니다. 하지만 자신들의 영업적 소양을 먼저 객관적으로 확인해야 하며 특히 재무적 관점에서 중장기 전략이 먼저 수립돼야 합니다. 본 기업은 이런 절차가 아닌 대표님의 독자적인 생각을 기준으로 진행되어 처음 멘토링 진행 시 매우 어려웠습니다. 우리는 창업자, 대표자라 하여도 모든 것을 알 수는 없습니다. 또 모든 것을 할 수는 없습니다. 같이 일하는 창업 구성원들과 협업을 더욱 돈독히 하면 이러한 어려움은 없었을 것입니다.

| 마무리하면서

　많지 않은 내용들을 기록하였습니다. 적은 내용에도 많은 도움이 되었으면 하는 얌통머리 없는 생각도 들고 있습니다. 실제 우리가 예비 창업 시, 초기 창업 시 경험하게 되는 다양한 이유와 원인이 있습니다. 그 중 대표적인 것이 정부 대출이 있습니다. 정부 대출 부분을 깊게 다루지 못한 것은 제 개인적인 소양도 있습니다만, 많이 민감한 문제이기도 합니다. 이런 이유로 조금 더 구체적인 사례를 들지 못해 아쉽습니다. 정부 대출을 포함해서 다양한 초기 창업 기업의 문제가 많이 있습니다. 다음에 같은 주제로 책을 발간하게 되면 조금 더 부지런하게 사례 중심으로 글을 만들어 나가겠습니다.

　코로나가 한참인 여름 시원한 장맛비를 보면서 글을 마무리합니다. 읽어 주셔서 너무 감사합니다.

군포에서
홍승민 드림